Diálogo sobre el alma

© Primera Edición en Nous: Marzo de 2026

© De la Traducción del francés: Beatriz Saá

© 1939 Traducido del siriaco al francés sobre la edición
de Sven Dedering por Irénée Hausherr S. J.

© Editorial Nous
Camino de Zagán, 9
28694 Sierra Oeste de Madrid
editorial@dharana.org

ISBN: 979-13-990374-2-5
Depósito Legal: M-12290-2025

Producción: Noumicon

Impreso en papel ecológico

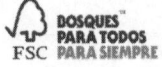

Impreso en España. Printed in Spain

www.editorialnous.com
www.dharana.org

Juan El Solitario

Diálogo sobre el alma

y las pasiones humanas

Traducción de
Beatriz Saá

EDITORIAL

ÍNDICE

INTRODUCCIÓN

Las historias de la literatura siríaca seña-
lan desde hace mucho tiempo una abundante
colección de escritos ascéticos conservada en
un gran número de manuscritos bajo el nombre
de Juan el Solitario. R. Duval[1] nos dice: "Los
manuscritos siríacos nos han conservado traducciones de obras de Juan el Monje o Juan de
Lycópolis, el vidente de Tebas, que Assemani
confundió con Juan de Apamea. Juan el Monje
florecía en la segunda mitad del siglo IV".

A. Baumstark tomó el esfuerzo de hacer
el inventario de estos inéditos[2]. Estos son: tratados en formas de cartas dirigidas a Hesequio,
Eubulo, Teódulo y su discípulo, Eutropo y Eusebio, Marciano, Leoncio, a un hermano anóni-
mo, a diversas comunidades; obras considera-
bles "sobre el mundo nuevo y las promesas del
porvenir", en tres libros; en tres libros también
"sobre los misterios de la economía de Cristo",
a Tomasios; "sobre el fin del mundo, la penitencia y el desprecio del mundo", en dos libros,
un diálogo con Eutropo y Eusebio "sobre el
alma y las pasiones de los hombres somáticos,
psíquicos y neumáticos" en cuatro libros; otro
diálogo en seis libros con Tomasios "sobre la

---

1   Litérature Syriaque, 3. ed. Paris 1907, p. 312.

2   Geschichte der Syr. Literatur, Bonn 1922, p. 88-90.

esperanza del más allá", con Teógeno "sobre el bautismo"; un diálogo todavía entre un hermano y un eremita; otro entre un discípulo y su maestro; una "doctrina"; una segunda en veinte o veintidós capítulos, una tercera en dieciséis cuestiones y respuestas; un opúsculo en cuatro secciones; una carta en seis capítulos; "las leyes y mandamientos"; diferentes colecciones de sentencias; otras cartas todavía, exhortaciones y tratados ascéticos sobre puntos particulares; homilías sobre Rom. 8, 18, sobre Ef 6, 11, sobre el publicano y el fariseo, sobre el Jueves Santo y la crucifixión de Cristo, toda una serie sobre las Beatitudes, comentarios de Job y de Eclesiastés, tratados sobre la Trinidad y sobre el *homoousión*, sobre la felicidad de los malvados y la infelicidad de los buenos en este mundo; una colección de definiciones concernientes a la moral y la liturgia; plegarias y un himno; una recopilación "de los mandamientos del santo Evangelio"; y aún otros.

La enumeración de estos títulos es suficiente para hacer sospechar la importancia de estos documentos, datando de una gran antigüedad cristiana. Son muy antiguos, quienquiera que sea su autor, puesto que la tradición manuscrita comienza por un códex datado del año de los Griegos 892 = 581 *post Christum*.

Que el autor no sea Juan de Lycópolis es lo que creo haber demostrado en una comunicación presentada al 20º Curso de Orientalistas en Bruselas en septiembre de 1938, publicado en *Orientalia Christiana Periodica* IV (1938), p. 497-520. Bastará aquí remitirnos a ellos. Toda la masa de obras mencionadas arriba no puede ser más que del mismo origen. Solo las dos obras editadas demuestran las dos proveniencias diferentes. Queda claro que al menos uno de estos escribanos es el primero y el principal y debe haber vivido lo más tarde alrededor del año 500.

Es todo lo que sabríamos decir actualmente con una probabilidad cercana a la certidumbre. Si se permite, sin embargo, expresar una presunción, cuanto más examinemos los diálogos traducidos a continuación, más nos convenceremos de su carácter arcaico y nos sentiremos inclinados a ubicarlos en el siglo V, incluso a finales del IV. Un poco más antiguos o un poco más recientes merecen, en todo caso, un estudio atento de parte de los historiadores de la espiritualidad, no solamente por su edad, sino también por su originalidad. Quien les aborde con la idea de que pertenecían a Juan el Vidente de Tebas, podría y debería mostrar decepción. De parte de este contemplativo, el más famoso, sin duda, en la historia espiritual y monástica del siglo V, esperaríamos elevaciones místicas, descripciones de éxtasis, o al menos, enseñanzas eminentemente favorables al misticismo. En lugar de esto, al menos en los diálogos con Eutropo y Eusebio, no salimos de la psicología. Mas, *"gallus escam quaerens margaritam repperit"*: el interés se desplaza y queda muy grande.

La psicología de las pasiones humanas vuelve al orden del día en las preocupaciones de los eruditos. Y con razón, puesto que el tema ha tenido un lugar de elección en las meditaciones de los moralistas antiguos, más curiosos que nosotros sobre "el hombre, este desconocido". En este tema, Juan el Solitario presenta dos particularidades: primero, no se vincula a ninguna de las escuelas clásicas: estoica, aristotélica u otras. No porque ignore toda doctrina diferente de la suya; él polemiza incluso de pasada contra teorías que no puede admitir. En segundo lugar, todas sus consideraciones apuntan a una práctica más esclarecida de la ascesis cristiana. Digamos entonces una palabra sobre las fuentes, luego, tratemos de caracterizar esta espiritualidad. No quedará más que seguir la influencia.

1. *LAS FUENTES*. Juan el Solitario cuenta un cierto número de anécdotas, cita algunas frases que recuerdan las colecciones de Apotegmas, paganas o cristianas. Pero, a pesar de las búsquedas laboriosas a través de los Vitae Patrum y, comprendidos los inéditos y las versiones orientales, no hemos podido encontrar ninguna de estas historias y, tampoco en los recopilatorios de los filósofos. ¿Serán otros más afortunados? Se lo deseamos sin gran esperanza. Este gran medio de determinar las fuentes se nos escapa completamente hasta el presente. Negativamente, sin embargo, esta ignorancia nos permite afirmar que somos aquí la brecha de todas las grandes corrientes espirituales conocidas en la antigüedad. Volveremos sobre eso a propósito de esta misma doctrina. El cuadro general de esta es la división en hombres somáticos, psíquicos, pneumáticos (es necesario recurrir a estos términos griegos a falta de un adjetivo latino para designar lo que pertenece al alma).

En esta clasificación, Juan nos enseña que la encuentra en San Pablo (p. 13 y ss). Sobre este punto, Juan quiere ser como Afarate, "un discípulo de las santas Escrituras". Evidentemente, resta preguntarse si su interpretación responde bien al sentido de palabras paulinas; en todos los casos, este modo de asignar los grados de la vida espiritual no se encuentra en ninguna parte como en nuestro autor[3]. Sin duda, otros escribanos eclesiásticos habían leído y comentado los pasajes del Apóstol, pero nadie, que yo sepa, había todavía tomado estas indicaciones escriturarias de una manera tan sistemática. Clemente de Alejandría estableció tres grados: esclavos, fieles servidores, hijos de Dios (trazas de esta división se encuentran, por lo demás, en Juan el Solitario). También Clemente, Orígenes, sobre todo Evagrio el Póntico y a su vez la cuasi-unanimidad de los bizantinos, distinguían práctica, contemplación natural, teología. Denis, purificación, iluminación, perfección o unión. Otros aún más simplemente: los que comienzan, los que progresan, los perfectos. Juan el Solitario basa toda su doctrina en la distinción entre cuerpo, alma y espíritu. Entre esta clasificación y las otras no hay solamente una diferencia de terminología, como yo mismo lo había creído antes de conocer los textos publicados por S. Dedering[4]. La confusión es debida a Isaac de Nínive, quien, como muchos de los autores piadosos,

---

3 "Es apenas útil advertir que la división de Juan no tiene nada de común, salvo las palabras, con la del gnóstico Heracleon. Tampoco con el sentido somático, psíquico, pneumático de la Escritura, según Orígenes.

4 *De Doctrina Spirituali Christianorum Orientalium, Orientalia Christiana XXX*, 3, 1933, p. 200 8.

toma su bien o lo encuentra, sin preocuparse demasiado por las escuelas de espiritualidad. El principio mismo es disimulable. Nos podemos equivocar fácilmente. La psicología tripartita de origen platónico $\sigma\tilde{\omega}\mu\alpha$, $\psi\upsilon\chi\acute{\eta}$, $\nu o\tilde{\upsilon}\varsigma$, juega un rol fundamental en numerosos doctores cristianos, notablemente en Evagrio: "Reniega del cuerpo y del alma y vive según el intelecto[5]". Pero, precisamente, según Juan el Solitario, no se trata de renegar del cuerpo y el alma, se trata de comenzar por practicar las virtudes propias del cuerpo y del alma. Dicho de otro modo, cuerpo y alma no son enemigos de la vida espiritual. Son instrumentos y grados inferiores de perfección. Ser "corporal" no significa ser carnal en el sentido peyorativo, sino que quiere decir no tener todavía otra preocupación que evitar los pecados exteriores. Ser "animal", no significa vivir al grado de los instintos, sino que quiere decir evitar también los pecados del pensamiento, sin por lo tanto haber logrado todavía el conocimiento de los "misterios de Dios". "Aquellos cuyo entendimiento se pone enteramente en los pensamientos malos, si quiere saber traducirlos en actos, se atienen a la conducta de los demonios" (que no son ni corporales ni psíquicos). "Aquellos cuyo entendimiento medita el mal de los hombres, aunque, sin embargo, no deseen el logro de sus instintos corporales porque todavía están tribulados por sus pensamientos… Y si alguien combate contra la maldad de sus pensamientos y no libra su consciencia a sus instintos, sino que pone freno a su alma por no

---

5 "NIL", De Oratione, cap. 110 pg, t. 79.

hacer su voluntad y que se domina por esta resolución, está próximo al hombre psíquico. ¿Y
cuándo se hace psíquico? Cuando no hace el
mal y cuando no piensa nada de odioso (p. 13).
Sobre este punto, entonces, la originalidad de
nuestro escribano es completa, a menos que no
sea probado un día que Filóxeno de Mabbourg,
en su tratado de los grados de la vida monástica,
lo haya precedido; pero esto no es probable.

En cuanto a la doctrina contenida en este
cuadro, la psicología de las pasiones, ¿de dónde viene? Remarquemos que el término de pasión se ha tomado más del sentido filosófico
que del sentido moral. Las pasiones del mismo
nombre y de la misma naturaleza psicológica
existen en las tres clases de hombres, pero su
valor moral, como sus efectos interiores y exteriores, difieren grandemente. Nosotros estamos
lejos del esquema de los "ocho pensamientos
malvados". Juan el Solitario no ha conocido el
antiherético Evagrio. Tampoco depende de los
Estoicos, de Platón o de Aristóteles. La lista de
pasiones de su tratado no es incluso fácil de es-
tablecer, porque se interesa menos por su clasificación que por sus variaciones según los tres
grados. Además, a propósito de aquellos de los
que se propone hablar, nombra muchos otros
más o menos de pasada. Además, al principio
de la cuarta entrevista, su interlocutor Eusebio
propone toda una serie de temas a desarrollar,
y entre ellos se encuentran bastantes afecciones
sobre las que no ha habido una cuestión explíci-
ta. La conclusión es aquí la originalidad de Juan
el Solitario. Originalidad querida, parece, por-

que el autor conoce otras concepciones. Cita al menos una que denomina "bien mezquina". Es la teoría de aquellos que atribuyen al alma tres pasiones: el discernimiento, el amor y la cólera. Hay que reconocer sobre estos términos siríacos poco precisos, la psicología platónica: λογιστικον, επιθυμητικον, θυμικον. Juan no lo admite porque estas tres pasiones son demostradas también por los animales; ...son los instintos de la naturaleza corporal". Este remarque sorprendente no denota un conocimiento profundo del platonismo, pero este rechazo confirma la impresión general, la independencia doctrinal de nuestro autor con respecto a cualquier otra fuente más que la Santa Escritura.

2. *CARACTERÍSTICAS*. La primera y más importante se encuentra formulada por la misma. Lo que vamos a añadir la precisará y corregirá sobre un punto o aspecto. De inspiración escrituraria, aunque los textos citados sean relativamente poco numerosos[6], la enseñanza ascética de Juan el Solitario se enlaza, guardando su originalidad, con la espiritualidad primitiva. Se apoya enteramente en la esperanza en la "vida que sigue a la resurrección". El grado supremo de aquí abajo consiste en tomar plenamente consciencia de esta "esperanza de los hombres" y vivir en conformidad con ella para espiritualizar sus pasiones. Un pequeño hecho significativo debe ser notado cuidadosamente: la palabra "teoría", que tendrá un papel tan grande para los sirios a partir del siglo VI, no se encuentra

6   F.C. Burkitt, S Ephraim's Quotations from the Gospel, p. 27, ha hecho el mismo remarque a propósito de S. Efrén.

más que una sola vez en los cuatro diálogos y en este lugar único (p. 32), no significa "contemplación", sino simplemente "a la vista de la gente". Era, sin embargo, el lugar donde jamás se ampliaba este tema en una obra consagrada a los tres grados de perfección. Preterición, eso ya será extraño, y es ante todo, una exclusión consciente, no de la contemplación como la que el autor ignora, sino de las condiciones previas inmediatas. La pureza, el desapego, la tranquilidad (paz). El ayuno del servicio, la alegría, etc. En el tercer grado espiritual pertenecen a la vida futura. Juan el Solitario no es un místico a la manera de San Gregorio de Nisa, de Macario, de Evagrio o de Denis. "La proximidad de Dios es la obediencia a sus mandamientos. La plegaria espiritual es la demanda concerniente a las cosas invisibles. La unión con Dios es la adhesión a su amor" (p. 90), etc. Hay otras definiciones que serían formuladas de manera muy distinta por los contemplativos susodichos. Incluso las delicias interiores que conocía un Afraat son reenviadas al más allá: "Consolación espiritual: la espera de la resurrección, la esperanza fundada sobre Dios, la ciencia del mundo futuro. Esta alegría, hablando exactamente, no se encuentra en esta vía, sino que nos es reservada en la vida que sigue a la resurrección" (p. 89). La espiritualidad escatológica, hecha sobre todo de fe y de esperanza en las promesas eternas, sin considerar otro objetivo en la vida presente más que el enderezamiento de las pasiones.

Pero entre los que mantienen esta espiritualidad antigua, Juan el Solitario se distingue por un trato bien personal que se podría denominar de tendencia científica. Cita a Hipócrates (p. 76), pero esta mención del gran médico antiguo no tendría ningún alcance por si misma, puesto que la cita se reduce a la sentencia archiconocida: "*Ars longa, vita brevis*". Si en otra parte todavía no aparecía un interés particular por la ciencia médica, la larga enumeración de las enfermedades corporales (p. 82) tiene para nosotros un sabor de mal gusto porque nos parece superflua y pedante. Sin embargo, ¿no nos descubre por esta tendencia la debilidad de nuestro autor? Es sobre todo la medicina lo que le interesa, y de ahí le viene, sin duda, la preocupación por la precisión, por así decir, anatómica, que le aporta el estudio de las pasiones. Seguramente, el ascetismo en general, con estas necesidades de discreción, conduce por sí mismo al análisis psicológico y, muchos escribanos han hecho prueba en esto de una remarcable sutilidad. Pero su sagacidad es ejercida principalmente sobre los "ocho pensamientos malos". La única pasión que atrae su atención es la que él hace extirpar, porque es un obstáculo. Juan el Solitario despliega su espíritu de observación en los tres estadios de la vida espiritual. De ahí numerosos remarques judiciosos que se buscaría en vano en los partidarios de otras escuelas, por ejemplo, sobre las causas de las lágrimas (p. 16), sobre la cólera (p. 25), sobre los diferentes tipos de orgullo (p. 30 ss), etc.

Esta búsqueda de la precisión científica no se debe al hecho del temperamento del autor. Él vivió en un medio donde la ciencia fue

siempre honorable. En el comienzo del siglo
VI, Sargis de Reshaina traducirá a Galeno, un
poco más tarde, las obras médicas voluminosas
verán la luz[7].

Simón de Taibutheh, monje y médico,
mezclará íntimamente la doctrina ascética y las
preocupaciones médicas. Otros harán lo mismo
en el curso de los siglos en Siria. Nosotros volveremos a ello hablando de la influencia de Juan
el Solitario.

Al lado de estas características principales,
(llamémoslo "ascetismo sabio"), los lectores
abordarán las enseñanzas que no tienen más
que una relación indirecta con la psicología de
las pasiones. Lo que se dice del poder de los
milagros, sin ser nuevo, merece atención por las
razones que son dadas de la inferioridad de este
carisma. Se advertirán los desarrollos sobre la
caridad, sus condiciones, sus falsificaciones, la
ilusión de la gente que se imagina amar a Dios,
antes de llegar a amar a todos los hombres, etc.
En todo esto se reconocerá la ponderación del
buen sentido de la precisión.

3. *LA INFLUENCIA*. Primero, la publicación
de Sven Dedering levantó una duda que pesaba
sobre ciertos asertos recientes en la historia de
la espiritualidad. En tanto que, permaneciendo
desconocidas las obras de un Juan de Lycopolis, se podía temer descubrir un día, entre los
Alejandrinos y Máximo el Confesor, un inter-
mediario diferente de Evagrio el Póntico y, más
importante que él, puesto que Evagrio recurría

---

7 Cfr. A. BAUMSTARK, Geschichte der Syr. Literatur, p. 189.

al Vidente de la Tebaida como un maestro incomparable. Ahora, al contrario de lo que se demuestra: por una parte, que Juan de Lycopolis no tiene nada que ver con estos escritos y, por otra parte, que los que ignoran totalmente las especulaciones de Orígenes, la objeción cae por sí misma para los bizantinos y para los sirios. El rol de Evagrio no sale disminuido de esta ampliación de nuestros conocimientos, y con este resultado ha valido la pena el esfuerzo de este sabio editor.

En cuanto a la influencia de Juan el Solitario, no podremos trazarla hasta que toda su herencia literaria sea puesta a nuestro alcance, y también el texto de la producción ascética siríaca, todavía inédita. Sobre los bizantinos, esta influencia es nula: si hemos tenido razón de concluir que la lengua de nuestro escribano es el siriaco, ningún bizantino lo ha leído jamás. Sin embargo, algunos han estado en contacto con Siria, sea directamente, si sabían la lengua de este país, sea indirectamente, si frecuentaban los sirios bilingües y pudieron recibir alguna cosa de estas doctrinas como otros han tomado aquí las ideas más o menos teñidas de mesalianismo.

Si examinamos a fondo la mezcolanza griega editada o inédita bajo el nombre de San Efrén, se descubrirán sin duda fragmentos de inspiración auténticamente siria. Yo no señalaría por el instante más que una sola pieza en el volumen III de la edición romana, pgs. 425-433. Hay un *Sermo valde utilis atque omni sapientia plenus, de Virtutibus et Passionibus*. Es una compilación de las más indigestas. El culpable tiene razón de escribir (p. 432): ταυτα μεν ουτως ως εχομεν αμαθειας αφελως εξεθεμεθα. Él ha leído mucho y retenido mucho, pero carece completamente de esta "diacrisis" que alardea como "el reino de todas las virtudes". Nos exhibe un revoltijo de aspectos de toda proveniencia: psicología tripartita platónica, el catálogo Evagrio de los vicios, las etapas del mal pensamiento según Marc el Eremita o Juan Climaco, la teoría de la imagen y de la semejanza, etc. Podríamos fácilmente identificar todo esto para dirigirlo a los autores respectivos. Solo el principio (p. 425) y el fin (p. 433) nos interesan aquí. Las pasiones y las virtudes aparecen bajo dos firmas: corporales y psíquicas. Estas páginas se encuentran textualmente entre las obras de San Juan Damasceno[8]. ¿De quién son ellas? Al presentarse bajo dos nombres sirios, el hecho de que esta división no se encuentre, según mi conocimiento, en los griegos anteriores a Juan Damasceno, permite suponer una inspiración siria, remontando quizás a Juan el Solitario.

Un término que juega un gran rol en nuestros diálogos es el de 'sapyoutha'; sobre el que volveremos. Literalmente, significa "lo pulido resultante del frotamiento". Y esta cualidad se distingue de la simple pureza, como un grado superior. He buscado en vano en los bizantinos una enseñanza y una terminología análogas, pero grande fue mi asombro al descubrir algo de parecido en Cassien, Collatio XII, 5,5: "...*atque ita mens istis exercitiis elimata et profectibus expolita ad perfectam corporis atque animae perveniet sanctita-*

---

8 PG, t. 95, p. 85-89.

tem". Coll. III, 7, 3: "*huius ergo tertiae renuntiationis veram perfectionem tunc merebimur obtinere, quando mens nostra nullo carneae pinguedinis hebetata contagio, sed peritissimis elimationibus expolita ab omni affectu et qualitate terrena...*" Dom S. Marsili[9] tiene razón al reconocer en este último pasaje un préstamo de Evagrio. Pero, ¿no hay también un recuerdo de la *shapyoutha* siriaca? ¿Un colega de P. Marsili no acaba de hacer una tesis para demostrar que Cassio frecuentó los medios sirios al punto de contraer un tinte de mesalianismo?[10]

Un místico monofisita que ha estado ciertamente en relación con los sirios, es el monje Isaías, muerto en el 488. En el manuscrito de Berlín, Sachau 199, folios 148ª-149ª, hay bajo su nombre un pequeño escrito titulado: "Del mismo, la conducta del monacato se divide en tres [órdenes de conducta]: la conducta corporal, la psíquica y la espiritual. Cada una de ellas es perfecta por tres virtudes que incluyen todas las virtudes". Pero en los textos griegos[11] no se encuentra nada que corresponda a esta traducción siríaca. Como, sin embargo, no se ha probado que la edición de Agustino sea completa, puede que los bizantinos hayan recibido por Isaías alguna de las ideas de Juan el Solitario.

Salimos de las posibilidades y encontramos la certidumbre abordando a los escribanos sirios. Primero Filóxeno de Mabbug, cuyo tra-

9 SACHAU, *Verzeichnis der Syrischen Handschrifen...* Berlin, II. p. 648 y 655, códex 199, fol. 21-a 63b; cod. 200, fol. 24b-76a.

10 A. KEMMER, OSB, *Charisma Maximum. Untersuchung zu Cassians Vollkommenheitslehre und seiner Stellung zum Messalianismus*, Louvain, 1938.

11 AUGUSTINOS Monachos Jordanites, Του οσιου Πατρος ημων Ησαιου λογοι κθ', Jerusalén 1911.

tado sobre los tres grados de la vida monástica[12] se construye siguiendo la división de Juan el Solitario: grados somático, psíquico y pneumático. Aunque ignoremos la cronología de Juan, es muy probable que Filóxeno dependa de él y no viceversa, pues nosotros hemos constatado la originalidad del Solitario y sabemos además que en la doctrina ascética Filóxeno es más erudito (un erudito muy juicioso) que personal. En su carta a Patricio de Edesa, por ejemplo, se inspira constantemente en Evagrio el Póntico[13]. La cuestión de prioridad valdría al menos la pena de ser examinada.

Isaac de Nínive ha ciertamente leído a Juan el Solitario. La prueba no es tanto que lo cite[14] como en la doctrina en sí misma. La división en tres órdenes aparece claramente.

J.B. Chabot lo ha notado anteriormente[15]: "*Iam autem in homine distinguere licet triplex elementum: corpus animam et spiritum; unde triplex operatio, qua homo veluti triplici gradu ad culmen asceseos ascendit. In primo gradu (operatio corporalis) homo purgatur a materiali contactu saeculi viresque corporis domantur; in secundo gradu (operatio animae) anima mundatur a recordatione rerum mundanarum virtutibusque ornatur; in tertio autem (operatio spiritualis) mens contemplationi vacat, quandoque etiam recipit extraordinaria Dei dona, nempe visiones, extasim, donum prophetiae aliaque huiusmodi*". (Cfr. en la edición de Isaac por Bedjan, p. 122 y 303). Por la traducción griega

12 SACHAU, Verzeichnis der Syrischen Handschriten... Berlin, II. p. 648 y 655, code 199, fol. 21-a 63b ; cod. 200, fol. 24b-76a.

13 Cfr. *Revue d'Ascétique et de Mystique* XIV, 1933, p. 171-195.

14 Cfr. *Or. Chr. Per.* IV, 1938, p. 505 sv.

15 De *S. Isaaci Niniviiae vita,scriptis et doctrina*, Lovanii 892, p. 74.

de Nínive, esta división pasa a los bizantinos[16]. Pero Isaac era un lector apasionado (leyó hasta volverse ciego) y, entre sus diversos inspiradores, practicó el concordismo más ingenuo. Este cuadro de Juan el Solitario lo hace coincidir con la división evagriana. De ahí, por una parte, la falta de claridad en la que todos los eruditos son unánimes en constatar en él.

La doctrina de las pasiones se embrolla por la misma causa. Chabot escribe muy justamente:[17] *"Doctrinam Isaaci de passionibus colligere licet maxime ex sermone III qui fere inter circa hanc materiam versatur. Nomen ----- accipit eo sensu quo apud Scholasticos passiones, vel apud Aristotelem πάθη audiunt; nempe pro quibuscumque quae alicui rei accidunt praeter tamen eius essentiam. Incipit quaerens de subjecto passionum: an ex animae vel corporis natura proveniant? Quam quaestionem ut solvat, diffuse sed nec clare nec semper logice disserit de unione animae cum corpore eorumque mutuo influxu. Variis ex loquutionibus et etiam ex modo argumenta proponendi conjicere licet Isaacum neoplatonicis doctrinis, quarum influxus ex schola alexandrina in varia Aegyptimonasteria diffusus fueran, nimium concessisse".* Chabot no se preocupó por las fuentes de Isaac, y en su tiempo no habría tenido dificultad en descubrirlas. Pero ahora que conocemos mejor a Evagrio, Denys, Juan el Solitario y algunos otros menos importantes, la oscuridad y el ilogismo constatados por Chabot nos parecen provenir de la mezcla de elementos tomados de escuelas diferentes.

---

16 Cfr. Nicépore THEOTOKIS, Του οσιου Πατρος ημων Ἰσαακ...τα εθπεθεντα ασκητικα... Leipzig 1770, p. 64 ss. y 85 ss.

17 Op. cit. p. 39* nota 3.

El concepto de pasión se nubla porque los autores utilizados lo entendían tanto en el sentido filosófico como en el sentido moral, y su lejano discípulo ni siquiera suponía su desacuerdo. Él va asimismo por otros puntos. En todo caso, por Isaac, la influencia de Juan el Solitario ha sido transmitida a los sirios, a los bizantinos y, sin duda, a los musulmanes[18].

Dicha influencia de Juan el Solitario es fácil de constatar en Dadišoʿ Kaṭraya[19], puesto que él lo cita cuatro veces específicamente (p. 86, 88, 97, 99). Él lo confunde ya con el Profeta de la Tebaida que llama "el más ilustre de todos los gnósticos". Esta confusión, compartida más tarde por otros, debía incrementar fuertemente el renombre de nuestro escribano y aumentar su crédito. Pero ella ha tenido también este resultado de hacer buscar (y cuando se busca, se encuentra en él el misticismo que se esperaba naturalmente del célebre "Vidente". Dadišoʿ cita, no obstante, mucho más de Evagrio, más favorable a su tendencia mística. Las mismas frases que toma prestadas a Juan, a pesar del cuidado que habrá puesto en escogerlas, traicionan el carácter esencialmente ascético de su autor. Por ejemplo (p. 99): "No hay ciencia más grande que la que consiste en conocer sus pasiones, en combatirlas y en someterlas a la soberanía de

18 Leemos en Kyrios 1936, p. 242, bajo la pluma de N. von ARSENIEW: "*Bei Isaac dem Syrer, dessen Schiften Kirejevskij schon im Jahre 1838 als 'die tiefsten unter allen philosophischen Schriften' bezeichnet... *".
En 1938 nos es imposible suscribirnos a este juicio. El *'suum cuique'* nos obliga a ofrecer los más bellos pensamientos de Isaac a los Padres anteriores, comenzando por la página que cita Arseniew.

19 *Traité sur la Solitude*, editado por A. Mingana, *Woodbrooke Studies* VII, p. 70-143

la voluntad"[20]. Juan el Solitario continúa siendo leído, pero su doctrina es interpretada indebidamente en el sentido de Evagrio, tanto por Dadišo' como por Isaac.

En el mismo volumen de los *Woodbrooke Studies*, Mingana publica los tratados de Abdišo' Ḥazzaya (p. 14-184). Este no cita expresamente más que dos autores, Evagrio y Palade. Pero depende ciertamente de Juan el Solitario en su enseñanza sobre la *šapyouthā* distinguida de la *dakyouthā*, términos que Mingana traduce uno por 'serenidad', el otro por 'pureza'. Esta distinción juega un gran rol en 'Abdiso'. De nuevo aparece la combinación de la terminología tomada de Juan el Solitario con las teorías de Evagrio, pero de Evagrio visto a través de Nínive[21].

También evidente es la dependencia de Juan el Solitario en Gregorio de Chipre, aunque no nombra jamás ninguno de sus maestros. Cuando yo editaba su tratado de la "Santa Teoría", el volumen de M. Sven Dedering me era todavía desconocido[22]. Sin embargo, yo he podido añadir en un apéndice algunas indicaciones. Bastará resumirlas aquí en dos palabras. Gregorio retoma la clasificación en hombres corporales, psíquicos y espirituales. Conoce también la *šapyouthā*, pero no la distingue de la *dakyouthā*, al menos en el tratado de la Teoría. Habrá lugar para volver sobre las relaciones entre estos dos escribanos cuando poseamos las obras <u>completas</u> de uno y del otro. Sobre un

20 Cfr. el 3er Diálogo, p. 77.

21 Cfr. Revue d'Ascétique et de Mystique XIII, 1932, p. 184-188: «Más allá de la oración pura...»

22 Orientalia Christiana Analecta 110, Roma 1937.

punto al menos, Gregorio se aleja totalmente de Juan: mientras uno es sobrio y razonable en el tema de los demonios, el otro se deleita en un demonismo sin freno.

El profesor A. Rücker[23] nos proporciona, por un manuscrito en su posesión, preciosas enseñanzas sobre un escribano del octavo siglo que no nos era conocido hasta ahora más que por la lacónica noticia de Abdišoʻ: "Behišoʻ Kamoulaya ha compuesto un libro sobre el monaquismo". "Behišoʻ, nos ha dicho M. A. Rücker, construyó su trabajo estrechamente basado en Evagrio; en sus siete tratados quiere dar una representación sistemática del misticismo, lo que merece una consideración especial. En cuanto a su terminología, debe tenerse en cuenta: describe la etapa individual (estadio, grado), con *mĕšuḥtā, dargā*, ocasionalmente a través de la transcripción siria del griego τάξις o ακμη. Los tres niveles son:

1. *Pagrānûṯā (fisicalidad; gr. σωματική) corresponde en realidad a la πρακτική de Evagrio.*
2. *Nafšānuṯā (alma, "Seelenhaftigkeit" en alemán; gr. ψυχική) designa el nivel anímico o psíquico.*
3. *Rûḥanûṯā (espiritualidad; gr. πνευματική) se refiere a la dimensión espiritual, y a veces es también denominada gĕmîrûṯā (perfección espiritual; gr. τελειότης).*

Los términos *dakyûṯā* (pureza, limpieza, καθαροτης) y *šapyûṯā* (honestidad, πνευματικη), al-

23 *Aus dem mystischen Schrifttum nestorianischer Mönche des 6-8 Jahr-underts*, Morgenland, Heft 28, p. 41 s.

gunas veces, γαλενε) parecen ser más un método como el 2° y 3ᵉʳ grado, pero a menudo también sirven para nombrar a estos grados de por sí.

Todos estos términos se reencuentran en Juan el Solitario muy antes de Behišoʻ, y los principales le pertenecen propiamente, excluyendo a Evagrio. En cuanto a la corporeidad, no es la Práctica de Evagrio o de Cassio; esta incluye además la "*psiquicidad*", puesto que πρακη εστι μεθοδος το παυητικον μερος της ψυχες εκκαθαιπουσα (Evagrio, Prcticos I 50, Cotelier, Eccl. Graecae Monumenta III, p. 82). La oscuridad de Behišoʻ que señala Rücker, podría provenir en gran parte de esta amalgama de dos sistemas de los que Behišoʻ, no más que Isaac de Nínive, no ha visto la diferencia irreductible.

Nosotros lo hemos dicho, Juan el Solitario tiene un giro de espíritu científico: la medicina le agrada y le transporta el método sobre el terreno de la psicología al servicio de la ascesis. Los sirios conservaron siempre y a menudo desarrollaron más esta tendencia. Por lo tanto, salvo excepción como Gregorio de Chipre, buscarán menos en la demonología la explicación de las pasiones y de las tentaciones. Son gente práctica y positiva. En la Laura de San Sabas, donde se les conocía bien, se había terminado por dar a los sirios la preferencia sobre los griegos para las funciones de economistas, hoteleros y otros oficios materiales, gracias a excluirles de la carga de higúmeno que, en este tiempo, requería ante todo cualidades de 'Padre espiritual'. Cfr. A Dmitrievskij *Opisanie liturgiczeskikh rukopisej*, vol. I. Kiev 1895, p. 224: κιοριζομεθα μηδενα των Συρων απο γε του νυν της του ηγουμενου επιβαινειν αρχης, οικονομους, δε και δοχειαριους και εις τας λοιπας διακονιας προτιμασθαι τοθς Συροθς και διαταττομεθα και αποδεχομεθα, ως ανυστικωτερους οντας και δραστικους... Este carácter práctico se encontrará hasta en los libros más místicos, al menos en los Nestorianos (los monofisitas tendrán quizás una tendencia a salir de los límites de la ortodoxia – Etienne Bar-Şudaili, Juan de Apamea, la mística es demasiado embriagadora para ellos).

Si hay entonces ahí una particularidad de temperamento, nos guardaremos de atribuir las manifestaciones a la influencia de un solo hombre, Juan el Solitario u otro. Pero Juan el Solitario ha dado el ejemplo entre los primeros, sin el primero. Por ejemplo, él se une al precepto: leeremos más adelante (p. 50 ss) sus exhortaciones al estudio, de las que se jacta de las ventajas premonizando en otra parte contra sus peligros (p. 40). Se trata, sobre todo, parece, de ciencias menos abstractas tales como la medicina y la psicología. Nosotros no estaremos sorprendidos cuando veamos estas ciencias indisolublemente unidas al ascetismo en una cantidad de escribanos sirios del siglo quinto al trece. Nosotros hemos ya nombrado a Sargis de Reshaina y a Simon de Taibutheh. Mingana ha podido titular la única obra que queda de este último "Medico-Mystical Work"[24]. El espécimen más curioso de esta aleación son las *Sentences à Elie de Nisibe*, publicadas por Paul Sbath[25]. "Que Dios sea tu

---

24   Woodbrooke Studies VII, p. VII

25   P. SBATH, Sentences d'Elie de Nisibe, Le Caire 1936.

primer y tu último pensamiento". "La santidad es nuestro mejor bien". "Lee con mucho cuidado los libros santos, pues contienen toda la sabiduría". "La siesta es preferible al medicamento", etc... Podríamos, asimismo, alargar la lista de estos ascetas-sabios. Nombremos solamente a quien tiene la corona magníficamente, el monofisita Gregorio Barhebraeus. En la cabeza de la lista, hace falta, hasta una nueva descubierta, situar a Juan el Solitario.

Los especialistas de la mística musulmana encontrarán sin duda también unas aproximaciones que hacer y, no les faltará emplearse, puesto que son dos de entre ellos que los primeros han emprendido darnos algo de los escritos conservados bajo el nombre de Juan el Solitario.

Yo no me atrevería a aventurarme en ese terreno que subyace bajo su conducta. Me contentaré entonces a reenviar a Margaret Smith, *An Early Mystic of Baghdad*, p. 84, haciendo remarcar que de los siete autores cristianos citados ahí como habiendo podido influenciar Al-Muḥasibī, hay tres que hemos nombrado: Isaac de Nínive, Simon de Taibutheh, Dadišo', Ḳaṭraya. Una sola palabra todavía que es más una cuestión que una afirmación: hemos notado más arriba que Mingana ofrece el término siríaco *šapyouthā* como 'serenidad'. No habría elegido esta traducción si no hubiese considerado el árabe ṣafā[26]. Si se encuentra un día que la doctrina[27] de la *šapyouthā* a los ṣufís, es a Juan

---

26   N. del T. Ser claro, limpio, puro. Cfr. NICHOLSON, Mystics of Islam, P. 92; M. SMITH, loc. cit. p. 69.

27   La doctrina; la palabra es tan antigua como la lengua. Cf. p. ex. Ephrem, ed. Rom. IV, p. 54 D.

el Solitario que habría que remontarse para encontrar su origen.

Volvamos a decir, terminando este capítulo, que hace falta esperar la publicación integral de las obras de nuestro doctor antes de medir todo el alcance de su influencia. A juzgar por el número de manuscritos[28], pocos escribanos han estado más en honor para los sirios. Si hemos podido hablar de una acción profunda ejercida por el Libro de San Hierotheo, del que no existe más que un solo manuscrito desde el tiempo de Barhebraeus, ¿qué se dirá de un maestro tan a menudo recopilado como Juan el Solitario?

4. *LA TRADUCCIÓN*. No ha sido realizada en vista de la publicación, en principio únicamente para servir al curso de espiritualidad en el Instituto Pontifical Oriental. Sin embargo, Sven Dedering, impedido por otros trabajos, habiendo declarado que estaría feliz de verla imprimirse, nosotros la entregamos al público. Sin duda, nadie se quejará de que haya sido hecha. Un texto no traducido es un texto perdido para muchos de aquellos que tendrían mayor interés en conocerlo. Más que uno, incluso si sabe 'discretamente' tal lengua oriental, dudará antes de imponer la tarea de estudiar un volumen rebelde a una lectura corriente, mientras que, con la traducción en mano, aunque no sea perfecta, la podrá leer rápidamente verificando sobre el original los pasajes que habrán llamado su atención.

Puede ser entonces que encuentre más de un defecto en nuestra versión; pero, ¿es temera-

---

28   BAUMSTARK, Geschichte Syr. Lit. p. 88-90.

rio esperar que estos fallos no le harán olvidar el servicio que se le ha querido ofrecer?

Nada es más fácil de criticar que una traducción, pero también nada es más complicado de lograr perfectamente, sobre todo a un primer intérprete y sobre todo además cuando las dos lenguas sobre las que opera son de un carácter tan diferente como una oriental antigua y una occidental moderna. La tentación de traducir en griego ha sido fuerte, este idioma maravilloso cuya flexibilidad, recursos de precisión y, cuando es necesario, de imprecisión, hacen posible un calco fiel de los conceptos y de los giros de frase más variados. Pero eso no hubiera sido deseable más que si el mismo Juan el Solitario hubiese escrito en griego.

Cuando se trata de una obra sin pretensión literaria y de la que todo interés yace en el detalle de los pensamientos —una obra de doctrina, en una palabra—, el traductor no tiene la elección entre dos sistemas. Debe imponer el literalismo en toda la medida donde es compatible con la claridad, aunque haga a veces un poco de violencia a la gramática. MM. Bayan y Froidevaux han tenido perfectamente razón de ofrecer también en francés la versión armenia de San Ireneo[29]. De esta manera solamente, y añadiendo notas, ponemos a disposición de los eruditos un instrumento de trabajo digno de su confianza[30]. Al contrario, qué malas pasadas les

---

29 Revue de l'Orient Chrétien, 3 Série, tom. IX. 1933-34, t. X. 1935.

30 Estos remarques no valen para los relatos de historia. Atenerse aquí al "palabra por palabra" bajo el pretexto de la exactitud es hacer estúpidos a personajes serios. L'Histoire Lausiaque, por ejemplo, en la jerga que ha engalanado M. LUCOT (Collection Hemmer-Lejay, Paris 1912) se hace exasperante.

ha jugado a los teólogos el latín con pretensiones ciceronienses donde el P. Petrus Benedictus S. J. y S. E. Assemani han cubierto a San Efrén. Así convendría traducir a los romanos, pero no obras teológicas o filosóficas.

Hace falta señalar dos dificultades principales, una lingüística o conceptual, otra teológica. Si los conceptos son de fragmentación, de corte en la trama continua del κοσμος νοητος, se ha hecho constatar rápido que los diferentes pueblos y las diferentes épocas no se han dividido siguiendo un mismo diseño. Los conceptos no coinciden. De ahí viene que se busque a veces en vano en dos lenguas dos palabras cuyas 'definiciones' se recubren exactamente. En los diálogos de Juan el Solitario, hay dos términos, por lo demás sinónimos, para los que ha hecho falta recurrir, siguiendo el contexto, a traducciones variadas (y a menudo, poco satisfactorias); se trata de *re'yānā* y *thar'ithā*. En griego, tres palabras bastarían como equivalentes en todos los casos: διανοια, γνωμη, φρονημα. Para que el lector las reconozca y pueda intentar encontrar por sí mismo una expresión mejor, hemos debido recurrir a las siglas (r) y (t).

La segunda dificultad es más bien de orden teológica. La distinción ya indicada entre la *šapyouthā* de la *dakyouthā*, ¿a qué se debe? Uno y otro término significan "pureza", pero el primero designa un grado superior, al menos en general. Parece, por lo demás, que haya varios tipos de *šapyouthā*; al menos, en una obra todavía inédita de Juan el Solitario, está la cuestión de una *šapyouthā* principal o primera: *"Expolitio principalis es cum expolita est anima a passionibus omnium rerum visibilium et expolite secundum naturam suam videt et contemplatur ea quae supra rationem sunt, dum non offendit in turbamenta obvian sibi posita. Haec est expolitio eius prima, priusquam praetergressa est praeceptum"*[31] (Addit. 12 163, fol. 303b).

En la cima está lo que la teología escolástica denomina *"natura integra"*, y es la razón por la que, tras mucha duda, me decidí a dar *šapyouthā* por "integridad". Pero esta uniformidad no tiene otro objetivo que advertir al lector de la presencia del término siriaco consagrado. Percibirá fácilmente que en ciertos pasajes "integridad" es demasiado fuerte, y que Juan no aplica rigurosamente la distinción entre "pureza" e "integridad". Mingana, hemos dicho, emplea "serenidad" porque él ve (y no solamente aquí) el siriaco a través del árabe. A. Rücker[32], reconociendo que es difícil encontrar en alemán un equivalente exacto, sugiere "Lauterkeit", y en grego γαληνη. Γαληνε se entiende como "serenidad". De hecho, estamos aquí en presencia de una terminología específicamente y exclusivamente siriaca. Los griegos, según hablen la lengua de la Biblia o de la filosofía, dicen "estado adámico", αφχικη καταστασις, νους γυμνος.

Que Juan el Solitario haya conocido un estado semejante no contradice nuestras conclusiones sobre el carácter propio de su espiritualidad, salvo que afirmase no solo la posibilidad, sino incluso la necesidad de volver a ese estado

31 Cito el latín de Or. Christ. Analecta 110, pág. 95.

32 De la literatura mística de los monjes nestorianos del siglo 6-8, en Morgenland, Heft 28, p. 50.

adámico en esta vida. En los Diálogos, las afir-
maciones contrarias son tan claras y frecuentes
que, a menos que haya un ilogismo, no puede haber emitido una opinión tan opuesta en las obras
inéditas. Es necesario a este propósito redirigir
a las excelentes páginas del editor (p. XIV ss.).
Transcribamos solamente una frase: *"Angesichts
der Formulierungen in dem seben zitierten Abschnitt des
vierten Dialogs liegt es wohl am nächsen anzunehmen,
dass Johannes wirklich behauptet hat, es gebe eine Grenze
für die Entwicklung des geistigen Menschen in diesem ir-
dischen Leben"*. En cuanto a la dificultad de conci-
liar esta posición con la que representan los die-
cinueve capítulos publicados por A. J. Wensinck
bajo el nombre de Juan de Lycopolis, la verdadera solución está en la admisión de dos autores
pertenecientes a escuelas diferentes[33]. Por lo demás, lo que hemos dicho es que Juan el Solitario
es ante todo un asceta. No convendría inferir que
cae en lo que denominamos asceticismo: "El que
se aplica a practicar la conducta que he dicho,
Dios comienza desde aquí abajo a darle algo de
carismas por venir, en la medida en que es capaz
de recibirlas en esta vida" (p. 8). Solamente esta
capacidad se minimiza por negaciones explícitas
que separan claramente a nuestro autor sirio de
los Alejandrinos y de sus herederos.

Dedico esta traducción a los especialistas
de la espiritualidad cristiana. Puedan, por su
ciencia, llevar luz sobre numerosas cuestiones
que mi ignorancia no ha podido resolver ni puede siquiera entrever.

---

33   Cfr. Or. Chr. Per., IV, p. 507-512

***

En el último momento me ha caído en las manos una vieja nota que lamento no haber encontrado antes y que va, quizás, a ponernos sobre la buena pista para identificar a Juan el Solitario. Babaï, en su *Commentaire aux Centuries d'Evagre* (Cent. II, 6; Frankenberg p. 135) cita con elogio a Juan el Solitario de Apamea.

"Al igual que Juan el Solitario, del país de Apamea, que estaba también dentro de estos misterios, dice en uno de sus tratados: Después de que el hombre ha salido de estas pasiones, es juzgado digno de entrar en la región de la vida que es el amor de Dios, donde recibe en revelación la visión de los misterios, y cuando llega a la paz del amor, su alma exulta en la quietud (al abrigo) de los combates interiores". Babaï tiene el hábito de citar textualmente. Habrá que ver si este pasaje se encuentra en uno de los escritos de nuestro Solitario. Esperando aquí al menos una declaración idéntica en cuanto al sentido. "Cuando él ha librado combate y dominado todas las pasiones malas y se ha establecido en la pureza del entendimiento, sale de toda la conducta que le es ordenada por Dios en esta vida y, ahora comienza a subir de la integridad del alma a la conducta del hombre nuevo, de manera que no es más un esclavo a quien se impone una ley, sino un hijo bien amado, liberado de todo lo que es de este mundo, y comienza a ser iniciado en el misterio de Dios, poseyendo por su ciencia la comunión con Dios. Se hace, entonces, un comercio de Dios con él por la revelación de los misterios, mientras que el crece en las cosas del espíritu" (p. 6s). El pseudo Juan de Lycopolis es entonces, probablemente, un Juan de Apamea para Babaï, cuyo testimonio viene a corroborar el de 'Abdiso' y justificar Assemani. Pero si esta probabilidad se hace un día una certidumbre, hará falta de toda necesidad admitir que además de los dos Juan de Apamea conocidos (Baumstark, Geschichte der Syr. Lit. p. 166 y 226), existe un tercer escribano del mismo nombre. Identificar al autor de nuestros diálogos con ese del que hablan Théodore Bar-Koni (Ed. Addaï Scher II, p. 331-333), Michel le Syrien (Chabot, II, p. 250 s) y Barhebraeus (Histoire Eccl. I, p. 221-224), es imposible por muchas razones. Nada es más opuesto al sobre-ascetismo de nuestros diálogos que el panteísmo emanatista y místico enseñado en la στοιχειωσις[34] del célebre herético. Es inconcebible que el nestoriano Babaï, que combate tan vigorosamente y el origenismo, haya invocado la autoridad de un monofisita doblemente sospechoso. Además, Filóxeno de Mabbug libró contra él una batalla encarnizada, como contra su cómplice (y probablemente discípulo) Etienne Bar Ṣudaili, o este mismo Filógenes, hemos dicho, adopta en estas características fundamentales la doctrina de nuestro "Juan de Apamea". ¿No sería para evitar una confusión que dice el herético "Juan el Egipcio"? En fin, y sobre todo, ¿cómo admitir que desde el siglo VI los monofisitas hayan puesto tanto celo en recopilar los escritos de Juan el Solitario si

---

34   Es sin duda así que hace falta entender el título de دمحم اذه.

son estos mismos una de las más grandes autoridades de su secta, y que Filógenes había hecho quemar públicamente como heréticos? En cuanto al otro Juan de Apamea (en Mesopotamia), condenado por el patriarca nestoriano Timoteo I en el año 174 de la hégira, es excluido por la cronología. Puede ser que debamos un día dar resueltamente a nuestro escribano el nombre de Juan de Apamea. Por el momento, conviene todavía usar una prudente reserva.

ROMA, 18 ENERO 1939

IRÉNÉE HAUSHERR, S. I.

PRIMER DIÁLOGO

OTROS TRATADOS SOBRE EL ALMA Y SOBRE LA DIFERENCIA DE LAS PASIONES DE LOS HOMBRES SOMÁTICOS, PSÍQUICOS Y PNEUMÁTICOS

Eusebio y yo, Eutropo, tras haber recibido su primera carta, nos apresuramos a ir a su casa. Entrados en su célula, nos hicimos saludos recíprocos y la plegaria habitual. En nuestra conversación, muchas cosas fueron dichas que no están escritas. Ahora bien, nuestra primera cuestión fue esta: ¿Por qué, de preferencia a todos los cuerpos, es en el cuerpo del hombre que ha sido puesta una naturaleza (φυσις) del alma?

El Solitario dice: En cuanto a mí, queridos míos, hablaré según mi sentimiento. Como es el hombre solo que Dios ha querido ejercer en la enseñanza de su sabiduría, ha constituido todo este gran y vasto universo en su altura y su profundidad, con elementos (στοιχεῖον) que se oponen, por su naturaleza, unos a otros; y en su profundo abismo y en la órbita de su rotundidad, Él ha fijado las medidas a sus diferentes regiones por la división de los mares, por el curso de los ríos, por el fluir de las fuentes, por la germinación de los árboles, por los matices de todos los colores; en la bóveda del firmamento, la radiación de los astros en lugares superiores e inferiores, gracias a las diferentes fases del sol y de la luna. Ahora bien, todo lo que posee movimiento para desplazarse y color para ser visto, comporta dos aspectos (misterios): su apariencia exterior y la habilidad creadora de Dios (escondida) dentro. He ahí por qué la criatura que Dios destinaba a recibir los servicios de estos seres y que quería traer a la inteligencia de su sabiduría, debía estar constituida en este mundo de las dos actividades de una esencia (ουσια) sensible del cuerpo: de la sabiduría escondida en ellos debía gozar la esencia (ουσια) escondida en el alma. Puesto que, si a estos seres Él ha dado una impronta y una marca en el color de su aspecto exterior, y un misterio escondido, encerrado en ellos, que es indicio de la sabiduría divina, ¿cuánto más debería constituir el hombre, el rey de todos los seres de esta creación, en una belleza más excelente en cuanto al diseño de los miembros de su cuerpo y en una naturaleza gloriosa que le llevaría a la inteligencia de las obras de Dios?

Eusebio dice: ¿Este cuerpo no era capaz, por la actividad de sus senos, de comprender la estructura de las criaturas?

El Solitario dice: La naturaleza corporal, a la vista de los ojos, no puede ver lo que solo es visible por la inteligencia. Estos ojos, en efecto, no sabrían ver más allá del firmamento; si queremos ver más allá del firmamento; lo que no es por los ojos del cuerpo que vemos, pero contemplamos por el intelecto lo que está dentro. En el interior de una casa no es la mirada de las pupilas lo que entra, sino las del corazón. La luna, cuando se levanta en su plenitud en el oriente, parece a los ojos no estar más alejada que cinco millas; pero la inteligencia comprende que está en el oriente para todo el mundo. Entonces, puesto que los sentidos exteriores no bastan para escrutar, ni por el oído, ni por la vista, ni por el olfato, ni por el tacto, la interioridad del misterio de los seres, Dios ha encerrado en lo secreto de los miembros interiores una naturaleza perceptible solo por sentidos más sutiles que los del cuerpo, de modo que, gracias a la finura de sus movimientos, sea posible a la sabiduría penetrar la mente de las criaturas del Todopoderoso.

Eusebio dice: ¿Por tanto, las almas no podrían haber entendido, si hubiesen existido separadamente, sin cuerpo, comprender la sabiduría de Dios? Porque también los ángeles, que no están en un cuerpo, son fuertes en el conocimiento de Dios y no tienen necesidad de que un cuerpo les proporcione la ocasión (de comprender). De todos modos, las almas podrían, sin haber sido puestas en un cuerpo, contemplar la sabiduría de Dios.

El Solitario dice: Sin duda, amigos míos, si las almas hubiesen sido creadas en esta condición (misterio) de estar sin cuerpo en este mundo, habrían sido capaces, por su ciencia, de darse cuenta de la sabiduría latente de estos seres; pero no habrían sido llevadas a estudiarlas, porque su naturaleza es superior a ellos, y ellos no lo necesitan. Al no necesitarlo, no estarían más ocupadas de la sabiduría que hay en ellos, como los Serafines no se ocupan de buscar la sabiduría de este porque su naturaleza es superior a ella. Tú has discutido sobre la naturaleza de los ángeles; pero su caso (misterio) es diferente porque ellos están en el orden donde Dios les ha creado, mientras que la naturaleza de las almas no ha sido constituida igualmente por Dios.

Que si solo fuese el cuerpo el hombre, sin el alma, no sería ni un hombre que Dios habría creado, sino un cuerpo similar a los otros cuerpos, privados de la inteligencia de su sabiduría, al modo de las bestias salvajes o los pájaros del cielo. Todo lo que diferencia al hombre de todos los (otros) seres, es que ha sido honrado con un alma que está en él. Ahora bien, como está en él (en el cuerpo), como resultado de su indigencia y de sus necesidades de toda especie, es estimulada por él a instruirse de todas las cosas: el cuerpo que participa con ella de los hallazgos que ella hace, y ella, con él, gracias a él, a causa de la sabiduría latente en él, en virtud de su creación por Dios. Si el hombre estuviese sin alma, sería similar a todo el resto, como he dicho anteriormente; y si las almas hubiesen sido creadas sin cuerpo en este mundo, hubiese sido una absurdidad que, no habiendo necesidad de ninguno de los otros seres, hubiesen estado sujetas a movimientos de preocupaciones sobre su estructura. Pero ahora que se han revestido de un cuerpo, el cuerpo se convierte en una ocasión para reflexionar sobre lo que es del cuerpo, y gracias a lo que pertenece al cuerpo, en todo hombre, a todos los niveles, meditan la sabiduría que está en él.

Eusebio dice: Me gustaría aprender cómo las almas son superiores a la necesidad de todo lo que es visible.

El Solitario dice: Mira y considera que de todo lo que se logra al servicio de todas las necesidades del cuerpo, el alma no tiene ninguna necesidad, puesto que ella no es visible para tener necesidad de cosas visibles: ni del amanecer, ni de las fases de la luna, ni de todos los fenómenos intermediarios que pasan sobre nosotros, es decir, ni del espesamiento de las nubes, ni del fuego de los rayos, ni de la voz del trueno, ni de los efluvios de la lluvia, ni del manar de las fuentes, ni de la luz del día, ni del silencio de la noche, ni de las divisiones de las épocas, ni de la enumeración de las horas, ni de la sucesión de los meses, ni del ciclo de todo el año, ni de todo lo que se lleva a cabo. De todo ello, al contrario, es liberada la naturaleza del alma, por lo que por sus sutiles movimientos los hombres escrutan las maravillas de las obras de Dios. Solamente, en lugar de cuidar este estudio, para contener, por esta ocupación asidua, las lujurias del cuerpo, se hacen despreciadores de Dios por obras futiles, porque ellos no se preocupan ni de la sabiduría de la naturaleza, ni de la sabiduría de las escrituras. ¡Oh, cuánto ha querido Dios ablandar a los hombres!

¡Cuánto se han alejado estos de la vía de su enseñanza y se aplican únicamente a bienes perecederos! A quien le guste solamente la vista de los seres por la visión exterior, sin tener en el corazón buscar la sabiduría de Dios que está en ellos, se detiene al nivel de los animales. Los que, también, como él, vean por los sentidos exteriores el sol, la luna, las estrellas, la luz y todos los colores de la tierra, quien al contrario se interesa en la sabiduría escondida en ellos, ese es un hombre psíquico, contemplando desde los ojos del alma las obras del Todo-Poderoso.

Eusebio dice: Sobre este asunto, la causa de la presencia de un alma en el cuerpo nos basta. Pero como hay muchas cosas que pedimos escuchar y que son también de provecho para el alma, te rogamos que nos precises cuál es la conducta del hombre interior y cuál la del hombre exterior.

El Solitario dice: Comenzaré mi discurso hablando primero del mandamiento divino que nos encamina a su amor: Ama al Señor tu Dios con todo tu corazón y con toda tu alma (Deut. 6,5).

Eusebio dice: ¿Por qué Dios ha puesto este mandamiento antes de los otros mandamientos? ¿Acaso es más fuerte que los que vienen tras él, puesto que hay quienes no matan, ni fornican, ni roban, y que no lo logran por su amor de Dios?

El Solitario dice: Dios, queridos míos, ha puesto en primer lugar la causa que hace que los hombres guarden también los otros (mandamientos). Ellos no se centran primero en saber que Él es el Dios único: no pueden más que amarle.

Y si no perseveran en su amor, no se abstendrán tampoco del homicidio y la fornicación. Si al contrario llegan a conocer su majestad y a amarla con todo su corazón, está claro que obedecerán también a los otros mandamientos; pues por su obediencia a Dios y por la omisión de las acciones que Él ha prohibido hacer, los hombres permanecerán en paz unos con los otros.

Pero la ley moral del bendito Evangelio no prohíbe solamente las acciones malas, sino que además, elimina los pensamientos que son causa de malas prácticas. "Amad a vuestros enemigos y haced el bien a los que os odian y rogad por los que os persiguen". (Mt. 5,44; Luc. 6, 27). Ahora bien, estos mandamientos conducen al hombre interior a la pureza de consciencia (r.). El mandamiento legal (νόμος) del pueblo (de Israel) reglamentaba los actos que no se veían en el cuerpo, reprimiendo también los pensamientos interiores para evitar su intención de pasar al acto. Por ejemplo, esto:

"Si la carga del asno de tu enemigo cae en el camino y tú no quieres levantarla con él, la levantarás con él" (Cfr. Éxodo 23,5). Hasta aquí es el buen acto que ha sido ordenado sin que sea por el entendimiento (r.) del interior.

Mientras que Nuestro Señor en su Evangelio purifica el entendimiento en sí mismo: "Amad, dice él, a vuestros enemigos" (Mt. 5, 44); es decir: no son solamente buenas acciones lo que os ordeno hacer por los miembros exteriores, sino también para traerles caridad a los sentidos interiores, como Dios ama también a los que le odian; y de su amor dan testimonio las siguientes acciones:

"Él hace elevar su sol sobre los buenos y sobre los malos, y descender su lluvia sobre los justos y sobre los injustos" (Mt. 5, 45)

Eusebio dice: ¿Y cuál es el comienzo de la conducta[35] del hombre interior?

El Solitario dice: La renuncia al amor al dinero. Tras la renuncia al amor al dinero, es un requerimiento necesario que se despoje del amor a la alabanza. Y luego, tras esto, es posible estar en la virtud del entendimiento (t): en la humildad y en la paciencia, en la quietud y en la lucidez de espíritu, en la alegría de su esperanza, en la vigilancia de las causas nobles, en el amor perfecto de Dios y de los hombres: cosas por las que accederá a la pureza del alma, que es el coronamiento de toda conducta donde Dios ha ordenado al hombre llegar en esta vida. Puesto que todos los mandamientos conducen al hombre hasta la integridad del alma, cuando ha librado un combate (ἀγών) y domado todas las pasiones malas, se establece en la pureza del entendimiento (r), sale de toda la conducta que le es impuesta por Dios en esta vida, y ahora comienza a subir de la integridad del alma a la conducta del hombre nuevo, de suerte que no es más un esclavo a quien se le imponga una ley, sino un hijo amado, liberado de todo lo que es de este mundo (Cfr. Gal. 4,7). Y comienza a ser iniciado en el misterio de Dios, poseyendo por su ciencia la comunión con Dios. Se hace (entonces) un comercio de Dios con él por las revelaciones de los misterios, mientras que crece en las cosas del Espíritu. He ahí el rango (τάξις) del hombre interior, que es llamado por Pablo "hombre espiritual que juzga todo, sin ser juzgado por nadie" (1 Cor. 2, 15), puesto que tampoco

---

35 En el sentido ascético de πολιτεια, aquí y en lo sucesivo.

nadie lo conoce, ni su conducta gloriosa es vista por los hombres. En cuanto a él, juzga todo.

Eusebio dice: Según el asunto que me incumbe, escucha. Como es superior a todo lo que se ve, comprende todo: lo que no es bueno, lo juzga y lo condena, y poco a poco se eleva en la perfección en un estado (τάξις) espiritual, de manera que no es más juzgado ni por Dios ni por los hombres; sino por él son juzgados todos los que están bajo él, como el mundo es juzgado por los santos, por lo que, siendo parecido a ellos por naturaleza, (la gente del mundo) no se distingue como él por sus obras. Pero para que yo no diga estas cosas a la ligera, vayamos a la enseñanza de Nuestro Señor: nos enseña que el hombre, tras haber guardado sus mandamientos, y haber alcanzado la pureza de alma, se hace familiar de Dios en sus misterios. Dice en efecto: "Quien tiene mis mandamientos y los guarda, ese me ama; quien me ama, será amado de mi Padre, y yo le amaré y me mostraré a él (Jo. 14, 21). Es decir: cuando el hombre haya realizado los mandamientos que le son impuestos —y el celo por su logro venga de la caridad— entonces yo también, por la manifestación de mis misterios, me mostraré a él. Sin embargo, que alguien logre un estado de consciencia (t) superior a la integridad del alma, ese es uno de los carismas que nos han sido dados en el otro mundo. Pero quien se aplica a practicar la conducta que he dicho, Dios comienza desde aquí abajo a darle algo de los carismas futuros, en la medida que es capaz de recibirlos en esta vida. Luego, a partir de la renuncia al amor al dinero, como he dicho, debuta en la conducta del hombre interior, y es conducido hasta la integridad del alma. A partir de la integridad del alma, además, debuta en la conducta de la vida nueva por la creencia constante de la ciencia. En cuanto a los nombres que empleo de hombre interior y exterior, el apóstol también los llama así: "Que en nuestro hombre interior permanezca el Cristo" (Ef. 3, 16); y "si nuestro hombre exterior se corrompe, sin embargo, el del interior se renueva de día en día" (2 Cor. 4, 16); y "yo me regocijo de la ley de Dios en cuanto al hombre interior" (Rom. 7, 22). La conducta virtuosa del hombre exterior es esta: que no se dé al libertinaje (ασωτ/) y a la embriaguez, ni a las malas palabras e insultos, ni a los deseos de la carne, sino que alabe a Dios por su boca y otras cosas similares. Si se está en estas cosas solamente, se mantiene en el nivel de la conducta del hombre visible, sirviendo al Maestro universal en el orden (τάξις) de la esclavitud y a la manera (σχῆμα) de un mercenario que trabaja por su salario. Es este orden (τάξις) de conducta que es denominado por el apóstol "hombre psíquico que no recibe cosas espirituales, puesto que ellas son una locura y no puede conocer lo que es juzgado espiritualmente" (1 Cor. 2, 14).

Eusebio dice: ¿Cómo es que no puedo conocer lo que es juzgado espiritualmente?

El Solitario dice: Hablaré según el tema de mi discurso. Cualquiera que esté enteramente en una conducta que parece a los hombres virtuosa, dedicado a la limosna, al ayuno y en la víspera victoriosa del sueño, restringiendo su ambición (t) a los límites de su conducta, y la alegría de su esperanza le proviene de su trabajo; toda la gloria que le será dada por la abundancia de la bondad de Dios en el mundo futuro, tiene la intención de recibirla a causa de sus obras, y no por la misericordia de Dios. Además, si se le habla de las cosas espirituales de las que no se tiene el sentimiento, considera como a un loco a aquel que le habla, porque todo lo que los hombres conservan en este mundo y estiman ser, no es sino vanidad, en comparación con lo que están destinados a alcanzar. Puesto que todas las cosas de aquí abajo se desvanecerán, y es en un orden (τάξις) diferente que Dios establecerá a los hombres tras su resurrección.

En la vida futura no lo honrarán quemando perfúmenes, ni por ofrendas, ni por acciones visibles, sino que el psíquico no sabrá oír nada aparte de las cosas visibles. Quien sea psíquico en virtud de acciones buenas, si estas vienen a eclipsarse ante la presentación de algo superior, quedará en una especie de desesperación, lo que no logra el que es más grande, cuando ha dejado escapar lo que tenía, y por ahí entra en un sentimiento (r) de desesperación, porque no ha comprendido que existe otra cosa fuera de lo que ha imaginado. He ahí por qué no sabe que "es juzgado espiritualmente". Que le digamos que todo lo que estima magnífico no es nada en comparación con las cosas espirituales – no sabría concebir un juicio (basado) sobre tal ciencia. Si Dios hace una revelación al hombre psíquico, será para hacerle conocer de antemano las cosas que deben llegar en este mundo; y le es conferido un carisma. Es el poder de hacer milagros que recibe, puesto que son cosas predicadas entre los humanos; ellas, pueden recibir la fe de la invisibilidad de Dios (cfr. Rom. 1, 20). Como sirve a Dios por sus miembros exteriores, a su vez Dios coloca el carisma en sus miembros exteriores: su lengua dirá algo que debe suceder; su mano hará un prodigio. Ahora bien, no solamente este don no es admirable, sino que quien ha hecho la experiencia de las revelaciones espirituales ni siquiera lo desea. Tal como vemos las órdenes (τάξις) numerosas extendidas según sus rangos ante un rey, cada uno de los órdenes sobrepasando su vecino por sus vestidos – que aparezca el segundo rango, lo admirarán más; que salga el tercer rango, y estarán estupefactos de sus vestidos, y el primer rango se hará despreciable a sus ojos, no porque los vestidos de esta gente sean desdeñados por ser despreciables, sino porque la magnificencia de los otros hace despreciar a esos; según este ejemplo, comprende el misterio del que hablo: aunque sea una gran cosa que le sea revelada a un hombre un hecho por venir en este mundo, más grande es la revelación de la vida futura; tanto más glorioso que el mundo por venir es más que el mundo donde estamos. Pero todos los que no han dudado de este misterio, su grandeza está enteramente en lo que cae bajo sus ojos. El carisma que recibe el psíquico cura las enfermedades del cuerpo por sus milagros, gracias a la fe de los espectadores. Recibe también revelaciones acerca de escándalos y guerras; pero estas son cosas que predice también la gente que tiene experiencia. Entonces el piloto (κυβεϱνετες) (hace predicciones) acerca de los vientos (αηϱ) de la mar; así como la medicina sobre las enfermedades del cuerpo. Los apóstoles, al contrario, reciben el poder de los milagros y la sabiduría de la otra vida, porque habían sido elegidos para la enseñanza de las naciones, para que, gracias a los milagros, fuese creído por ellos el misterio del Cristo, salvador que venía de Dios, y por el que instruyen a los hombres acerca de su esperanza, a pesar de que era mucho más grande a sus ojos ser instruidos por su esperanza que el hacer milagros.

Puesto que son numerosos, los que han operado prodigios asombrosos, cazado demonios, purificado leprosos y dado salud a los enfermos, y que, sin embargo, no han logrado la sabiduría del otro mundo, porque ella es más alta que todo lo que hay de admirable en este mundo. Los corintios que operaban muchas maravillas en la glosolalia y la interpretación de lenguas, en la predicción de lo que debía suceder en este mundo, con otras cosas admirables, no eran ni siquiera capaces de entender el misterio relacionado con el otro mundo. Puesto que el apóstol los culpa, diciendo que no solamente cuando vino a su casa no pudo hablar con ellos de la sabiduría de este mundo –él la llama "alimento perfecto"–, sino que dice: "incluso ahora no podéis recibirla" (1 Cor. 3, 2).

Pero hablamos de la sabiduría entre los perfectos, una sabiduría que no es de este mundo (1 Cor. 1, 6). Por más que hagan muestra de milagros, este grado no lo habían logrado.

Hacer milagros ante los infieles, esto no impide ser celoso o colérico; mas asir la sabiduría de su esperanza. No hay ningún medio, a menos que el entendimiento no sea puro. El alcance de todos los milagros, es (confirmar) la enseñanza sobre Dios, sin que el que los hace y el que los ve sepan por ellos lo que comprenderán en la vida tras la resurrección. Puesto que esto es más interior (más profundo), en su valor grandioso, que el don de los milagros, como el alma es más interior que el cuerpo. Si la operación de los milagros fuese más grande que la sabiduría en lo concerniente a la vida futura, ¿por qué tras la resurrección (Dios) no ha dado a los justos, en lugar de la sabiduría de los misterios, (el poder) de hacer prodigios? Es evidente, como ya he dicho, que el poder de los milagros existe solamente contra el error, para que los hombres salgan del error y se pongan a aprender la sabiduría de los misterios. Por eso el poder de los milagros es como el orden psíquico para los hombres: así como el alma está ubicada entre la corporeidad y la espiritualidad, de manera que no es ni como el cuerpo ni como la espiritualidad perfecta de los ángeles, en este mundo, así el poder de los milagros se interpone entre el error y la verdad, para alejar del error y conducir a la verdad. Por esta razón, la vida del otro mundo, siendo superior al error, es superior también a los milagros, puesto que no hay nadie que tenga necesidad de salir del error. En cualquier caso, el hombre que es psíquico tiene un combate (que sostener) contra los demonios.

Eutropio dice: ¿Por qué causa?

El Solitario dice: Porque su conducta es visible, Satán le da deseo para sus acciones y se dispone a pedir a Dios (permiso) para hacerle la guerra; y si lo obtiene, se hace agresor de todos modos.

Eusebio dice: ¿Y por qué con el hombre espiritual no lucha a través de fantasmas? Puesto que, al final, la conducta del pneumático es más excelente que la del psíquico; y si lo que es más excelente en actos hace a Satán más celoso, contra lo que es de espíritu será necesariamente más celoso que en contra del que es del alma.

El Solitario dice: La conducta, hermanos míos, del espiritual, no es percibida por los hombres en el cuerpo. Las cosas bellas que se ven en él, no son del espíritu, sino del alma, puesto que tampoco es corporal. Entonces, así que su conducta secreta es escondida a Satán, y que no hay nadie para verla, sino Dios, (Satán) no se llena de celos contra él. Si le tiene celos, sus celos tienen por causa lo que se ve en él. He aquí en efecto Nuestro Señor: puesto que no había medida en su grandeza ni en su ciencia ni en su conducta gloriosa, sin embargo, salvo en tiempos de trabajo y ayuno (Satán) no se aproxima a Él en una visión tentadora. Es que, como él no veía su conducta espiritual ni su ciencia gloriosa en relación a Dios el Padre, ellos no se hacen plenamente odiosos a su maldad. En efecto, el Cristo se comportaba como el resto de los hombres en las cosas aparentes. Por lo que Satán tuvo la ocasión de tentar a Nuestro Señor, la maldad de sus celos le fue despertada por el trabajo visible en el cuerpo.

En cuanto a la aproximación (de Satán) a Nuestro Señor, a su denominación de calumniador y de tentador, y a la razón por la que Nuestro Señor fue conducido al desierto en vista de la tentación, es otro tema. Por el momento, escuchad todavía mis explicaciones sobre el orden del hombre corporal. Si el hombre no se dedica ni siquiera a la conducta virtuosa que se ve, no solamente no es esclavo de Dios, sino extranjero a toda su domesticidad. De hecho, es este el que el Apóstol llama "corporal". "En tanto que hay entre vosotros celos, envidia, disputa y divisiones, ¿no sois corporales y no camináis según la carne?" (1 Cor. 3, 3). Hay entonces tres órdenes denominadas por la Escritura a propósito de los hombres: los somáticos, los psíquicos, los neumáticos. Aquellos cuyo entendimiento se mueve por completo en los pensamientos malvados, se les acaece de querer traducirlos en actos, se mantienen en la conducta de los demonios. Aquellos cuyo entendimiento medita el mal de los hombres, si ellos no desean el logro de sus instintos, sin embargo, como todavía están preocupados por sus pensamientos, son corporales. Así habla en efecto el Apóstol: "En tanto que haya entre vosotros envidia y disputa, vosotros sois corporales" (1 Cor. 3, 3).

Que si alguien combate contra la maldad de sus pensamientos y no libra su consciencia a sus instintos, sino que pone freno a su alma para no hacer su voluntad, este, si se domina por esta resolución, es bastante próximo al ser humano psíquico.

Eusebio dice: ¿Y cuándo se hace psíquico?

El Solitario dice: Cuando no haga el mal ni piense nada de odioso.

Eusebio dice: ¿Y por qué se llama por este nombre al que no está esclavizado por sus pasiones?

El Solitario dice: Porque la naturaleza del alma es superior a las acciones malvadas y a los pensamientos vergonzosos, pero a causa del cuerpo, se esclaviza a su participación con ellas, como le he mostrado en la carta dirigida a vosotros. Como resultado de eso, quien es elevado sobre las cosas del cuerpo y se aproxima al orden (τάξις) de la naturaleza del alma, se llama psíquico; así como es denominado somático aquel que se da a los deseos de la naturaleza del cuerpo.

Escuchen otra consideración más: En tanto que el hombre es carnal, no siente el temor del juicio, y no tiene consideración de la sabiduría de la doctrina. Cuando pregunta alguna cosa a Dios en su plegaria, no hay modo en que su entendimiento (r) esté recogido; pero los hábitos y los pensamientos a los que se acostumbra se agitan en su entendimiento (t). En cuanto a Dios, él se le representa a imagen de un hombre que es psíquico en su mentalidad (r), tiene amor por la doctrina; pero recoger su entendimiento en la plegaria no lo consigue más que a precio de mucha lucha (ἀγών); pues el recogimiento de su entendimiento (r) es de poca duración, o propiamente hablando, ni incluso un instante. ¿Por qué? Escuchen: Como su alma está en los movimientos de la distracción o en las reflexiones de conocimientos o en el trabajo del cuerpo, a causa de eso, estas cosas se agitan en él en el tiempo de la plegaria. Mirar a Dios, con recogimiento, no sabría, puesto que su intelecto es vagabundo de fantasmas en fantasmas que se disuelven los unos a otros, sobre todo porque no ha llegado al grado más elevado que la psiquicidad, el grado que ve a Dios en cualquier cosa superior al entendimiento de los hombres (t).

En cuanto al hombre espiritual, como está sobre los pensamientos corporales, no hay ningún momento en que todo su entendimiento (t) no se mueva en la sabiduría que está en Dios. Si alguien no ha captado lo que he dicho, debido a las primeras cosas que ha captado, que admita también lo que no ha comprendido.

Eutropio dice: Como hemos encontrado en el intercambio (comercio) de tu palabra muchas cosas que no nos habían venido al espíritu (r), hemos hecho diligencia yo y aquí mi hermano, Eusebio, para venir junto a ti. Puesto que durante muchos años no habíamos salido de nuestra célula, el hecho de venir a tu casa no ha beneficiado más que nuestra estabilidad. Las costumbres que nos habíamos fijado, las teníamos para nada, en comparación con esta ciencia que nos has explicado en tu carta. Nos ha llegado algo similar a lo que le advino a Pablo: del mismo modo que este se hacía creer primero y se regocijaba por su conducta según la ley (νόμος), que él consideraba que era la perfección y que no había nada más, hasta que recibió la ciencia del Cristo; así pensamos nosotros también que lo que poseemos es la perfección. E igualmente que el Apóstol estima una pérdida en relación a la excelencia de la ciencia del Cristo (cfr. Fil. 3.8) las cosas que antes había considerado como la justicia, así nosotros también hemos despreciado la alegría de nuestro trabajo, para glorificarnos únicamente con la esperanza de Dios.

El Solitario dice: Yo también, hermanos míos, desde que he tenido conocimiento de vuestra disposición (t) virtuosa en buscar la verdad y en no glorificaros en la práctica de las leyes (νόμος), he deseado hablar con vosotros de cosas por las que estaríais en el lugar de la paz, siendo vuestras almas protegidas dentro de un baluarte inquebrantable, contra todas las adversidades (χαιρός).

Eusebio dice: Igualmente, nosotros pedimos que nos expongas estas distinciones de grados (τάξις), y no esperes que nosotros seamos los interrogadores, puesto que nosotros ni siquiera sabemos que estas (distinciones) existen, y nosotros no tenemos tampoco cuestiones que plantear sobre estas.

Pero tú, de tu iniciativa, dinos lo que te venga al espíritu (r), sobre las pasiones del alma y sobre sus causas.

El Solitario dice: Yo comenzaría por hablar de la penitencia del alma, (para decir) en cuál de estos tres órdenes se encuentra. No está ni en los somáticos ni en los pneumáticos.

No está en los somáticos, puesto que su consciencia (t) es mala; ni en los pneumáticos, porque se elevan por encima de esta afección (pasión) por la alegría.

Pero la penitencia del alma es únicamente en los psíquicos, y diré también la causa: como el psíquico está animado por el temor de Dios, resulta para él que será angustiado con sus acciones, y del dolor de sus pecados nacerá la penitencia del alma. Llegamos entonces a la distinción de la efusión de lágrimas, (para ver) qué pensamientos les provocan en el entendimiento (r), en estas tres clases (τάξις). Y bien, los llantos del corporal, incluso cuando se llora ante Dios en la plegaria, son provocados por los pensamientos siguientes: la preocupación de su pobreza, el recuerdo de sus problemas, la solicitud para sus hijos, el sufrimiento de sus opresores, el cuidado de su casa, la memoria de sus muertos, y otras cosas similares. El hostigamiento continuo de sus pensamientos aumenta su pena, y de la pena nacen las lágrimas. Los lloros del psíquico en la plegaria son provocados por los pensamientos siguientes: el temor al juicio, la consciencia de sus pecados, el recuerdo de las bondades de Dios con respecto a él, la meditación de la muerte, la promesa de las cosas por venir, el temor de ser privado de ellas y otras cosas similares. Por la persistencia de estos pensamientos se excita en su fuero interno (r) la emoción de las lágrimas. Si hay cerca de él otras personas, a menos de una atención muy grande de su parte, sus llantos no tendrán por causa este tipo de reflexiones, pero comenzará a ser tocado por la pasión de la gloria humana; considerará su asamblea y su presencia entre ellos, y esto será el respeto humano que excitará sus lágrimas por vanagloria. Para los llantos del hombre espiritual, he aquí los pensamientos que los determinan: la admiración de la majes-

tad de Dios, la estupefacción ante la profundidad de su sabiduría, la gloria del mundo futuro,
el extravío de los hombres y otras cosas similares. De la persistencia de estos (sentimientos)
brotan las lágrimas ante Dios.

Por lo demás, estos llantos no vienen de
una emoción de tristeza, sino de una alegría intensa. Puesto que sus llantos nacen de la alegría,
de la manera en que mucha gente, volviendo a
ver a sus amigos tras una larga ausencia, llora de
alegría ante su vista. Hay también lágrimas del
hombre espiritual que vienen de la tristeza y he
aquí la causa: cuando se recuerdan hombres (y
se piensa) qué confundidos están, (llora) como
Nuestro Señor entrando en Jerusalén, o incluso
según lo que se ha escrito de él en los Hechos
(πραξις) que durante tres años no había cesado
de llorar (Hechos 20, 31). Pero estos llantos no
eran causados por un sentimiento (r) de espíritu, sino por los pensamientos del alma, sobre
el extravío de los hombres, o sobre los sufrimientos y las miserias, o porque ellos suplica-
ban que les viniese un rescate del cielo. Puesto
que el hombre espiritual no llora rápido, debido a su alegría habitual, y si llora, está movido
por pensamientos psíquicos como ya he dicho.
Como Simón Pedro, que por el recuerdo de su
negación de Nuestro Señor llora amargamente.
De hecho, cada vez que Nuestro Señor llora,
el evangelista (ευαγγελιστής) precisa qué pensamientos le hacían llorar; a saber: cuando se
inclinaba hacia las disposiciones (r) de los hombres y consideraba su corazón muerto, lloraba
por ellos. Al contrario, cuando la inteligencia (r)

del hombre está en la región del espíritu, no llora, al igual que un ángel no llora. Además, si los lloros vienen del estado espiritual, no hay lágrimas, pero ¿cuál es, en el crecimiento espiritual, el grado (τάξις) de aquel que no cesa de llorar, sino el del niño que llora sin cesar? Y al igual que el niño, en la medida en que se aproxima a la edad adulta, se abstiene de llorar, esperando que llegue a la edad en la que para nada le conviene más llorar, entonces el que persiste en las lágrimas de toda especie, si Dios le concede aproximarse al crecimiento espiritual, a medida que su entendimiento (r) crece en espíritu, cesa de llorar y está en la alegría. En cuanto a quien no tiene ningún dolor interior (r) y cuyas entrañas no se mueven, está en comparación con el hombre espiritual como un niño que todavía no ha nacido en comparación con un adulto que tiene toda su talla de hombre. Puesto que como el que todavía no ha nacido está completamente en el seno, sin que nada de él se vea en este mundo. Así el hombre que no tiene el arrepentimiento doloroso del alma, toda su inteligencia (r) es cautiva aquí abajo sin salir para el otro mundo por la aspiración. Todo esto lo he dicho ya en mi última carta, pero vuestro provecho me fuerza a decíroslo a vosotros también, pues muchas veces no tendréis esta carta a vuestra disposición. Entonces, lo que he dicho sobre la causa de las lágrimas, incluso cuando se encuentran con un hombre naturalmente apasionado, estas lágrimas y también los gemidos que suspira todo hombre, sea provocado por las diferentes especies de pensamientos que he dicho.

-Voy ahora a la enseñanza del tema de la caridad. ¿Qué causas hacen adquirirla en los somáticos, los psíquicos, los pneumáticos? Que todos los que entiendan de qué hablo sepan cuánto están en déficit en relación acerca de la verdad: veo a los hombres, (y yo constato) que quien quiera alardear de haber adquirido la caridad [que] dependiendo del grado de caridad para los hombres es mucho más inferior al grado de caridad divina; y si no hemos llegado primero a la caridad para los hombres, no sabría subir a la medida de la caridad para Dios. El bienaventurado Juan le dice a él también : "El que no ame al hermano que ve, no puede amar a un Dios que no ve" (1 Jo. 4.20). Voy entonces a exponer los tipos de caridad y decir qué pensamientos los hacen crecer en el alma. Sabed primero que Dios la ha puesto en nosotros naturalmente; si en efecto el alma no tuviera la fuerza de ser tocada por el amor, no nos habría dicho: Amarás al Señor tu Dios con todo tu corazón y toda tu alma (Deut. 6.5). El hombre corporal entonces es llevado al amor por la naturaleza por los sentimientos siguientes: el deseo y la codicia. El deseo se nutre de la preocupación por el cuerpo; y la codicia de los bienes crece por la codicia de placeres múltiples. El que en efecto quiere ser conocido en este mundo por el poder, por el honor y la magnificencia, en él se desarrolla la codicia de la riqueza; y de estas codicias se despierta en él el amor por tal o cual, entendiendo por tales aquellos que poseen estas cosas. He ahí por qué en los hombres corporales el amor no es estable, porque los objetos son sujetos al cambio que hacen encender en sus corazones (r); y el amor de esta gente se establece sobre las cosas que no duran. O, es claro que cuando cambian las cosas que han sido la causa de su amor, con ellas se transforma también su amor. Su amor, en efecto, ha sido determinado por una belleza que envejece, una riqueza que se marchita, un poder que se desvanece.

- Pasemos ahora al otro grado (τάξις), el de los psíquicos, en los que no se encuentra amor ni por la verdad ni por la falsedad. No por la falsedad, por esta razón que quiero decir: el que es psíquico en su conducta no tiene muy fuertemente la pasión por la riqueza, ni la de realizar la voluntad de su concupiscencia. Es por eso que ninguna razón lo provoca a amar a los hombres, puesto que no ansía ni la riqueza ni el amor por la belleza. Tampoco tiene fácilmente en él la pasión del amor. Incluso si imagina amar a los hombres por amor a Dios, no se ha todavía aproximado a ese grado, puesto que el amor de Dios no se adquiere por el trabajo del cuerpo, sino por la comprensión de los misterios; y como no ha llegado a esto, carece del amor a toda la humanidad. Es ahí, en efecto, la caridad perfecta: que amemos a todos los hombres a la manera de Dios. Que si el psíquico ama estos o aquellos, su amor no viene de la ciencia, sino de una causa que le ha provocado. Si su amor es verdadero, y ama según la ciencia a quienes le gustan, no odia más que a quien le hace el mal.

Si odia, que sepa que incluso una causa le ha provocado odiar; entonces una causa le ha provocado el amor. El que es psíquico en cuanto a la ciencia no es capaz de amar, sino es el que asiente a su enseñanza, como Dios ama a los que no asienten su voluntad. El hombre espiritual, al contrario, tiene la caridad perfecta de Dios y de los hombres, no ocasionalmente o por una causa visible, sino por la ciencia.

Eutropio dice: ¿Por qué ciencia?

El Solitario dice: Que Nuestro Señor os lo revele, queridos míos; las causas de su amor son demasiado altas para vuestro entendimiento: incluso si se lo dijera, no seríais capaces de comprenderlas.

Sin embargo, voy a decir algunas: la caridad verdadera se adquiere a partir de la integridad y es más: quien no alcance la integridad no ha logrado todavía su sublimidad.

El don de la caridad perfecta será acordado en el otro mundo a toda la naturaleza humana. Puesto que todo don que el hombre recibe de su integridad, es uno de los dones de la resurrección. Cuando no haya nadie que odie a su prójimo, tras la resurrección, ¿no es evidente entonces que la verdad de la caridad es un don de Dios?

Voy a hablar todavía de otra pasión: ¿de qué causas viene el celo en cada una de las tres categorías (τάξις)? Para el hombre corporal, su celo es este: la dominación sobre el otro, la riqueza de los que son más ricos que él, la vida de los que son más felices que él. Toda la pasión de su celo es determinada por los celos; sus celos también comienzan entonces por el amor a las cosas visibles.

Eusebio dice: Y el que es así, ¿por qué medios puede liberarse de estas cosas?

El Solitario dice: Puede liberarse de ellas por la esperanza de las cosas por venir. Si conociera la futilidad de las cosas de aquí abajo y el valor de las cosas prometidas, podría no ser vencido por esta pasión. Y ahora que he dicho la causa de su enfermedad y la causa de su curación, vuelvo al hombre psíquico por esta casa: se ha elevado sobre las acciones malas que se ven gracias al cuerpo, pero no tiene el sentimiento de lo que le es superior; es por esto que se imagina que el estado donde está es la perfección. Y como los otros son inferiores a él en cuanto a acciones visibles, comienza a experimentar un sentimiento de celo y de desaprobación en relación a sus actos, y a causa de su celo, acumula odio.

Si entonces no ama los honores del mundo, su celo no viene de los celos, sino de una pretensión de justicia. Si, al contrario, ama el honor, su celo proviene de los celos y no conoce la infelicidad (que consiste en que), al igual que juzga a los corporales, él mismo es juzgado por los espirituales. Como dice el Apóstol: no puede conocer lo que es juzgado espiritualmente (1 Cor. 2.14). Esta pasión que acabo de decir es el caso de quien es psíquico en su conducta. El celo de quien es psíquico en cuanto a su ciencia proviene de la causa siguiente: Como ha accedido al ejercicio de la sabiduría, y se ha puesto a la infatuación de tal o tal (ventaja), examina en su orgullo y considera que todo hombre está bajo él, y como no tiene el sentimiento de los misterios que son sobre él, se imagina conocer la verdad, y en consecuencia se pone a enfocar su ahínco a propósito de los que no se acomodan a él, estimando que se extravían en el error, como Pablo enfocaba su ahínco contra los discípulos porque creía que él conocía la verdad y que ellos se equivocaban.

El celo de dos clases (τάξις) es tal que sus pensamientos van hasta el homicidio, como cuanto tal o tal de los justos (deseaba) por celo la pérdida de los hombres. Es, por lo tanto, para estos dos propósitos que se limita al celo de los psíquicos y de los corporales: los psíquicos, a la sabiduría y a los hechos; los corporales, al intelecto y a los actos .

En el hombre espiritual no hay celo por la pérdida de los hombres, como Nuestro Señor, que no solamente no era celote, sino que incluso echara la culpa a sus discípulos, porque ellos encendían el celo contra los Samaritanos.

Eusebio dice: "¿Qué significa esta palabra que les dice?: ¿No sabéis de qué espíritu sois? (Luc. 9, 55).

El Solitario dice: Si hubiesen sabido en qué medida de sabiduría iba a conducirles, no tendrían pensamientos bullendo de ira, tal y como después de que hubieron comprendido qué ciencia habían recibido por el misterio del Cristo, no solamente fueron elevados más allá de tal idea (r.), sino todavía fueron perfectos en la caridad hacia los malos. En cuanto al celo del hombre espiritual, si se le puede llamar celo, su celo no es otra cosa más que solo lo que arde del celo divino y de toda caridad por los hombres, por llevar a los errantes a la ciencia de la verdad, como hacía Nuestro Señor y los discípulos. Comprended también esto que voy a deciros: tras el momento cuando el hombre comienza a evitar las acciones malas, habrá para él numerosos cambios de estado interiores (r). Accede entonces al grado del psíquico; y cuando de nuevo comienza a purificarse de los pensamientos interiores, le suceden muchas cosas, y entonces llega a la integridad. Más allá de la integridad, es un misterio que no puede ser definido. Voy a decir también las transiciones de todo esto: cómo el hombre se aleja de la corporeidad para ir a la psíquicidad, y qué diferencias hay entre los que son corporales en cuanto a la práctica y los que son corporales en cuanto a la inteligencia, y entre los que son psíquicos en cuanto a la inteligencia y los que lo son en lo práctico: hay una gran materia de enseñanzas sobre ellos. Puesto que incluso hay muchas transformaciones para el crecimiento del cuerpo, hay también muchas transformaciones para el crecimiento interior (r), y al igual que el hombre, cuando tiene diez años, tiene pensamientos conformes a su edad, y que cuando tiene quince años, sus movimientos son otros, y que cuando tiene veinte, le vienen todavía otros, y que cuando alcanza la edad de treinta años, sus preocupaciones primeras hacen lugar a otras, así hay muchas modificaciones en el crecimiento de lo interno (r). O, como este mundo es corporal, las medidas del cuerpo son conocidas. El crecimiento interior, al contrario, no se ve, a no ser que se abstraiga del cuerpo por su inteligencia. Tal y como los niños crecen en el seno y su crecimiento no es visto por la gente de este mundo, así crecen los sentimientos (r) del interior, sin que su crecimiento se vea, a menos que entremos en el otro mundo. Al igual que cuando los niños salen del pecho de su madre, se ve corporalmente el tamaño de cada uno de ellos; ahí, cuando salimos de este vasto seno de la tierra y aparecemos en ese mundo, es cuando es revelada la medida de la inteligencia de cada uno de nosotros y veremos cómo habrá crecido, sea en mal, sea en bien. Pero como sería largo explicar estas modificaciones, diré al menos esto para mostrar, por ejemplo, cuándo el hombre comienza a amar a los hombres. Al igual que el cuerpo, cuando termina la primera edad (ακμη) de la infancia y entra en la segunda, la de la adolescencia, no puede entonces no experimentar el deseo del placer de su edad, que es la unión del matrimonio. Así es también en el crecimiento del hombre interior: cuando adquiere la primera edad (ακμη), la de la infancia, que es la despreocupación del temor de Dios, y entra en la segunda edad, que es la integridad, no puede no ser tocado por el dulzor de su mundo, que es el amor por todos los hombres. Y al igual que el cuerpo por su edad adulta tiene lugar en su mundo totalmente, al igual también el hombre del interior tiene lugar en el otro mundo por el amor de los hombres. Pero si os dijera cada cosa paso a paso, sabed que nuestro discurso tomaría más extensión que los cinco libros de la Torá. He ahí las semillas; que crezcan y se multipliquen. Esto es lo que digo sobre el grado psíquico: el hombre es restringido en el hábito de su trabajo anterior. Todo psíquico, en cuanto a su inteligencia, es corporal en cuanto a su conducta; y todo psíquico, en cuanto a su conducta, es corporal en cuanto a su inteligencia. Puesto que este disfruta del placer de su trabajo y aquél se jacta de su sabiduría. Con esto hay otro grado entre los hombres que ni en secreto ni a plena luz del día no hace más que obras de carne. Hay quien comienza a abandonar la corporalidad, pero quien no logra la psíquicidad. Y hay otra cuestión sobre él de saber cuáles son sus pasiones. Todavía hay quienes comienzan a sobrepasar la psíquicidad sin llegar a la inteligencia espiritual. Es objeto de otro discurso hablar de sus movimientos. En cuanto a la conducta espiritual, no está en el poder de la naturaleza buscarla. Es por esta razón que está más allá de la naturaleza lo que será dado a los hombres en el otro mundo. En esta vida, solo Dios se la da a quien Él sabe que conviene. Como es el caso de Pablo, que llegó a esta medida con los otros discípulos. Tampoco ningún hombre será juzgado por no haber llegado a esta altura.

Eusebio dice: Por tanto, pienso que es una ingratitud si alguien, tras haber oído esto, no toma sobre sí la carga de procurar perpetuamente hacerse digno.

El Solitario dice: Precisaré ahora cuáles son los que superan la cólera y que no pueden fácilmente reconciliarse. Aunque en todo hombre la cólera palpita, al menos en los que tienen un natural admirable, estas pasiones ya no son violentas. El hombre que por sabiduría ha reprimido la cólera dentro de sí, no solamente no es colérico, sino que está cerca de vencer la pasión de la cólera en sí misma. El hombre que no reprime la cólera por sabiduría para su beneficio, pero que por engaño la silencia dentro de sí, este es un hombre colérico. Diré todavía la causa de su cólera: Como no está purificado de la cólera, de manera que es paciente gracias a una reflexión (r) virtuosa, a causa de esto, no habiendo satisfecho la voluntad de su cólera por los golpes y las maldiciones, estos movimientos interiores de resentimiento le representan el tiempo de la revancha. Esta raza (γένος) de gente pone límites a la reconciliación.

Eusebio dice: ¿Y quién es el que, cuando se irrita, no guarda mucho tiempo la cólera? ¿Y cuál es la causa de la disminución de su cólera?

El Solitario dice: El hombre cuyo resentimiento es vivo y que se enciende instantáneamente de cólera, no prolonga la duración de su cólera, como el primero del que he hablado.

Eusebio dice: ¿Por qué?

El Solitario dice: Porque los movimientos de su cólera encuentran el esparcimiento de aplacarse profiriendo palabras; los pensamientos no persisten mucho tiempo en él con una irritación secreta. Cuántas veces se arrepiente incluso de sus primeras palabras. Hay todavía muchas otras cosas que suceden en la gente sin Dios que no se sacian de perjudicar a su prójimo. No es de demonios de lo que hablo, sino de hombres, puesto que quien no reprima sus celos y no conozca la reconciliación, no está entre los hombres, sino que, en el sentido del Evangelio, será contado con los ángeles de Satán, puesto que él los envía con ellos en la gehena del fuego. O, si no lo parecen, Él no los condenará con ellos, puesto que el juicio de Dios es sin reproche. Desvelemos también la pasión de la maldad, para mostrar por qué causa se desarrolla en el alma. En regla general está en todo hombre, pero en la gente que estudia criticar las acciones de los otros, la maldad es intensa.

Eusebio dice: ¿Y esta pasión, por qué medio pueden disminuirla en ellos?

El Solitario dice: No dando satisfacción a su inclinación (r), conteniendo su inclinación (r) cuando los lleva a divagar en pensamientos. No dando ningún permiso a sus movimientos secretos de proferir palabras, puesto que al igual que por el cierre de la boca y de las narices tiene lugar una disminución de la respiración vital del hombre, así por el cese de las palabras contra los otros, languidece la pasión del interior; y tras la destrucción de esta pasión en la pasión del amor, no hay medio de que su alma sea conmovida por el amor por los hombres, en tanto que esta pasión está repleta en ella. ¡Quien tenga oídos para oír, que oiga!

Escuchad también la opinión que tienen de otros sobre la naturaleza del alma. Dicen que es movida por tres pasiones: a saber, el discernimiento, el amor y la cólera. Pero esta concepción que tienen sobre ella es bien mezquina. Puesto que estas tres pasiones son demostradas también por los animales. Los animales, en efecto, aman a sus pequeños, se irritan contra quien les hace mal y disciernen para respetarlos con amor, que les nutre. Así la raza (γένος) de los perros discierne para amarles a sus maestros extranjeros y el buey conoce a su propietario (Is. I, 3). Y muchos otros ejemplos de este género. Estas tres pasiones son los instintos de la naturaleza corporal. Hay primero el amor de la vida natural, y los dos otros nacen de la pasión que he dicho. Como la naturaleza del cuerpo está vinculada al amor de la vida, contra todo lo que es adversario al amor a la vida descarga la cólera, y a todo lo que es favorable tiene esta pasión del amor de la vida, discierne el respeto. Pero la naturaleza del alma es propiamente superior a estas tres pasiones; es el cuerpo solo quien es afectado en el hombre. Sobre la facultad de comprensión del alma , según el sujeto sumiso a mí, he hecho una exposición en pocas palabras.

SEGUNDO DIÁLOGO

SOBRE LA DIFERENCIA DE LAS PASIONES DEL ALMA Y SOBRE LA CAUSA DE SUS MOVIMIENTOS Y CUÁLES SON LOS QUE PERTENECEN A SU NATURALEZA Y LOS QUE ESTÁN FUERA DE SU NATURALEZA

Cuando hubimos terminado el oficio del mediodía y entramos en su casa, tras la conclusión de la plegaria, se puso a hablarnos.

Yo, mis queridos, como un médico amigo, atento a las enfermedades del cuerpo en vista de mostrar el medio de su curación, yo también, en la medida de mi pequeñez, la preocupación no solamente de hablaros sobre lo que me habéis exigido, para que quien se aplique a ejercerla encuentre la curación de sus males secretos. Pero sé que son raros los que se molestan por esta enseñanza, aunque muestre también la causa de su negligencia e indique por qué no tienen cura de las enfermedades del alma, como cuidan de las enfermedades del cuerpo, para que, comprendiendo esta causa, los que incluso son más avanzados en la práctica de virtudes, dominen la cólera para no enfadarse contra los que no velan la vida de sus almas. Es por defecto de ciencia que los justos se irritan contra los pecadores, puesto que si saben cuánto trabajo merece volverse hombre de Dios por sus obras, alabarían la bondad de Dios, de lo que, por la ayuda recibida de él, han llegado a este grado, y sobre los pecadores manifiestan un sentimiento de dolor y no de cólera del celo. La razón por la que nos preocupamos de las enfermedades del cuerpo es la que voy a decir: la naturaleza entera con el curso de sus elementos (στοιχεῖον) está al servicio del cuerpo y no del alma, y de ahí viene que el cuerpo resienta alivios y malestares. Y como los alivios y malestares se ven en el cuerpo, el hombre es llevado a ocuparse de ellos.

Eusebio dice: Lo que acabas de decir sobre la razón por la que cuidamos las enfermedades del cuerpo lo hemos entendido. ¿Pero cuál es la razón por la que no nos preocupamos de las enfermedades del alma?

El Solitario dice: Como la naturaleza del alma es más sutil que todas las sustancias materiales, y su vida evoluciona en una vida superior al cuerpo, ya que incluso tras la separación con el cuerpo persiste en su vida natural; a causa de esto los hombres no ven las causas de las enfermedades por las que ella es golpeada y no se dan cuenta de los pensamientos favorables a su curación. Puesto que ella no está herida por las mordacidades[36] del aire, ni rescatada de las causas de sus enfermedades, y sabe que provienen de las acciones malas, ha prohibido ciertas de sus acciones por sus amenazas: No matarás, no fornicarás, no robarás y no darás falso testimonio contra tu prójimo (Deut. 5, 17 ss), con el resto que les prohíbe codiciar los bienes los

---

36   βρώματα dice Dedering; sería más bien βρώσεις.

unos de los otros, para que, cuando se abstienen de estas cosas, que son del cuerpo, los movimientos del interior permanezcan también en paz. Pero cuando los hombres no se conforman ni a la buena naturaleza que hay en ellos, ni al mandato del Maestro universal, a causa de esta desobediencia se inclinan a todos los vicios. Su ciencia da lugar al error, y su ser escondido se corrompe de llagas. Por así decir, se vuelven incapaces de ver y de entender, pero hay muertos por igual que no sienten ninguna piedad por su estado interior, mientras que los hombres son establecidos en esta estupidez de consciencia (t) y que la mayor parte de sus movimientos deliran de amor por la gloria.

Eusebio dice: Con gran profundidad y verdad tú nos has mostrado las pasiones y sus causas y la curación de sus ofensas. Tal que, si nos esforzamos por comprender estas cosas, verdaderamente nos convertimos en un hombre de Dios por su actitud interior (t). Ahora, como tú has venido en tu discurso a esta pasión por la gloria, queríamos saber de qué causa proviene su comienzo.

El Solitario dice: Esta pasión comienza por la vanagloria; y la vanagloria empieza por un pensamiento (t) tonto, y esta tontería viene de la ignorancia de esta vida. Como los hombres no comprenden la fragilidad de sus bienes ni la vanidad de la gloria de la que proviene, y como ellos no perciben la excelencia de las obras de Dios ni la sabiduría de su Providencia, ni la pequeñez de la naturaleza de los hombres, que antes de florecer se marchitan, y antes de llegar al poder, se disuelven y antes de elevarse son humillados, cuya condición (τάξις) es sujeta a toda mutación, y todas las producciones condenadas a la disolución; y como no se aplican a meditar estas cosas, se sorprenden por el amor de la alabanza recíproca, sobre todo siendo dado que el hombre no reflexiona suficiente para decirse: a qué precio es esta vanidad que me cautiva al punto de que la visión de los hombres me es preferible a la visión de Dios, y que soy aficionado a sus elogios y no a los elogios de Dios, como si la gloria que viene de ellos me fuese superior a la gloria que viene del Maestro universal; ¡como si yo tuviera el honor de los hombres por equivalente al honor de los ángeles!

Infeliz de mí (Rom. 7, 24): Dios me ha creado libre, y sobre mí pesa la dominación de mucha gente, puesto que soy esclavo de todo el mundo por el deseo de complacer a todo el mundo, como si el Cristo ratificara la alabanza de los hombres, y como si los hombres se preocuparan de mis obras en el día del juicio. Si entonces en tales pensamientos la consciencia (r) del hombre fuese asidua, la pasión del amor de la gloria no duraría en él, puesto que estos movimientos son enemigos de esta pasión. Al igual que si en una casa habitan muchas personas en la armonía de una sola voluntad (r), su enemigo no puede entrar junto a ellas, porque las temería; así esta cuestión es excluida. Y como el múltiple entendimiento (r) del hombre es vaciado de estos movimientos, primero le faltará inteligencia, luego se librará de obras diversas, luego será pretencioso, luego amigo de la vanidad, luego amigo de la gloria; y del amor a la alabanza se inclinará a los celos, puesto que los celos no nacen en todo el mundo de la maldad, sino que unas veces una pasión y otras veces otra le da un origen. En cuanto a los hombres vanidosos, no es la maldad la que hace surgir en ellos los celos, como otros han afirmado, sino la vanagloria, como dice Pablo: No os hagáis vanidosos, que se envidian los unos a los otros (Gal. 5, 26). En los que, por el contrario, no hay amor a la gloria, los celos nacen de la maldad. La causa del acrecentamiento de sus celos es que se preocupan por considerar el honor de la parte de los otros: los artesanos entre ellos, o los auditores de los jueces[37], o los jueces, o los sabios; sus celos mutuos vienen del amor de la gloria. Cada uno de ellos busca ser alabado. Desea las alabanzas dadas a su colega. El resto de la gente se cela por maldad, tal como los pobres, que se celan recíprocamente no por ser alabados, sino que es una mayor abundante cosecha de dones lo que lleva a envidiarse los unos a los otros. En esta especie (γένος) que ama la gloria obtenida por las alabanzas de acciones visibles, la maldad no es muy grande.

Eusebio dice: ¿Por qué, mientras que en los otros la maldad abunda, es escasa en esta especie?

El Solitario dice: Porque el amigo de la gloria es pródigo en dones; y como tiene en vista ser alabado por todos, no hay lugar para la pasión de la maldad en sus movimientos vanidosos. Más bien, cuántas veces se inclina a la

---

37   Cfr. nota de Dedering p. XXV

bondad y por esta pasión de la bondad se desvanece la pasión de la maldad. Solamente su bondad no se extiende a todo hombre, puesto que tal bondad es el hecho de la misericordia que hace similar a Dios; pero su bondad se extiende a sus aduladores, a la manera de los jueces y de los jefes de tropas y potentados que esparcen su riqueza al gran día (θεωρία) a la vista de la gente. Que, si no dan a los pobres, no es maldad: es que menosprecian la limosna. Ya que la pasión de la maldad, como he dicho, se desvanece por el amor de la gloria, pero todos los que no amen ser alabados por la posesión de cosas del mundo y que no den paso a los pobres lo que les pertenece, es una raza (γένος) cuya maldad es grande, y por maldad, carece de piedad. Por la categoría precedente, alabado en este mundo, es el amor de la gloria humana que se vuelve causa de no ser compatible con los débiles. En efecto, como sirve a la fama de los bienes, no se vuelve hacia la fama más excelente de la generosidad en el don. Pero voy a decir la causa que incita a todo hombre a la misericordia:

Quien no sea compasivo podrá hacerse compasivo (r), obligando su libre albedrío (r), incluso cuando no tiene ganas, a perdonar a aquellos que le han hecho mal sin jamás dejar volver mal por el mal. En cuanto a la pasión de la cólera en esta categoría (γένος) que busca hacerse alabar por la posesión[38] de bienes, cuando esta gente se enfada, no es la maldad de los celos la que hace nacer en ellos la cólera en esta categoría (γένος), sino la vanidad.

---

38   La palabra siríaca significa κτῆσις, el sentido demanda κτησις

Puesto que una cosa es la vanidad y otra es la vanagloria. A la vanidad se dedica el fasto, a la vanagloria el orgullo. Una cosa es también la pasión que engendra el orgullo, y otra la que engendra el fasto. Del fasto nace el odio, cuando lo fastuoso se encoleriza; del orgullo nace el desprecio de los hombres. Cuando entonces el pensamiento (t) se hace arrogante, es por desprecio que se irrita; lo fastuoso, al contrario, es por odio. Cuando el fastuoso hace mal a alguien, es por odio, por maldad que le hace daño; el arrogante, porque desprecia a los hombres y no los tiene en cuenta para nada. A su vez, estas pasiones tienen su causa, y esta causa, ella misma, es una causa diferente. Nosotros no podemos enumerarlas todas para decir cuáles son y por qué suceden. Que, si el hombre las conoce, puede evitar ser tomado por ellas; y si es tomado, como no ha tenido un conocimiento previo de todas, podrá fácilmente huir de las causas de este modo, gracias a su comprensión de sus causas. La causa inicial de todas estas causas odiosas es la que he dicho anteriormente: que los hombres no se dan cuenta de la debilidad de su naturaleza y de la mutabilidad de sus bienes, pero como todo el mundo no está en la misma disposición de amor a la gloria, voy a mostrar la diversidad de esta pasión, si no en todas sus variedades, al menos tres especies que tiene en ella para indicar cómo son diferentes en cada uno. En los que aman ser alabados por la posesión de bienes de este mundo y por los saludos de reverencia y de honor, hay orgullo en su amor a las alabanzas. Los que buscan los elogios por la virtud son fanfarrones de pensamiento (r).

Eusebio dice: ¿Y por qué, ya que en los dos hay pasión a la gloria, son diferentes el uno del otro en cuanto a sus pasiones, de manera que uno es orgulloso y el otro fanfarrón? Y puesto que esta pasión es excitada en ellos, ¿cómo no se ponen de acuerdo en las otras?

El Solitario dice: No son iguales en estas otras pasiones porque la causa del amor a la gloria no es la misma en el que prospera en el poder de reunir bienes que en el que busca ser alabado por las virtudes. Y como su causa es diversa, las pasiones en sí mismas se encuentran diferentes en ellos. Los que se establecen en el poder, es el poder que exalta sus sentimientos (r); y como muchos le hacen servidumbre, su pensamiento se eleva contra los que están bajo sus manos. Y como las cosas que hacen por su poder y la riqueza que poseen, no todo el mundo puede hacerlas; a causa de esto su corazón se enorgullece.

Los que son alabados por sus virtudes, cada vez que les aparece la gente que conoce sus acciones, esta pasión de infatuación se arrastra en ellos. Es por lo que Nuestro Señor, que conocía esta causa de su infatuación y (sabe) que viene de la vista de los hombres, les ha ordenado esconder bajo un velo sus buenas acciones a la vista de la gente cuando dice: No hagáis vuestras limosnas delante de los hombres con la intención de ser vistos por ellos (Mt 6, 1). Esta categoría de gente que busca ser alabada por sus virtudes, y que por sus obras estimadas buenas busca ser honrada a los ojos de los hombres, esta gente es astuta con respecto a las opiniones (r) de los hombres más que la primera categoría de la que he hablado. En cuanto a esta primera, los que buscan pavonearse por los bienes de la posesión de este mundo no conocen los artificios de la astucia; se comportan incluso muy tontamente respecto a las pasiones humanas, y he aquí la causa de su estupidez: Como no tienen la preocupación por la posesión de villas a causa de la necesidad misma, sino únicamente por ser alabados, su intención (t) es limitada a sus pensamientos y, a la vista de las opiniones de los hombres, son simples, de manera que si su poder y su riqueza les son eliminados, no serían más diferentes que los animales por la ciencia. Los que, al contrario, están preocupados por la posesión de territorios y de regiones devastadas no por ser alabados, sino para prestar ayuda, hay lugar en su psicología (t) para que se comporten tan sabiamente en otras bellas acciones. Se ha hablado de estas dos categorías, estando sujetas al amor a la alabanza y son, sin embargo, pasiones diversas. Hablaré también de otra categoría de gente: los que no aman ser alabados ni por la posesión de este mundo, ni por las acciones excelentes, sino que buscan complacer solamente por el poder. Los que son así se conforman a todos los temperamentos (r), y no se encontrará fácilmente para ellos un enemigo, porque con todo hombre se habla según lo que le agrada a su carácter (t). Hacen gran uso de las apariencias (σχῆμα) de la humildad en su comercio con la gente, a la semejanza de Absalón en relación a su pueblo, quien, como quería ser alabado por el poder, hablaba con humildad a cada auditor según la inclinación (t) de este. Este tipo (γένος) que busca gustar solamente por el poder, tiene un engaño de astucia más profunda que las otras dos categorías de las que he hablado. Ya que he hablado sobre su conformidad en el amor a la alabanza y sobre los diversos cebos que les mueven, voy a decir en qué pasión están todavía de acuerdo. Las tres categorías de las que he hablado, lo que digamos por denigrarlos a los ojos de la gente, no se inflaman primero de cólera al oírlas, sino que son tocadas por la pasión de la pena porque les ha llegado algo contrario a lo que aman; y entonces, a continuación de la pena, se inflaman de cólera sin contención. Quiero decir la primera categoría, la que hace gloria de la posesión de los bienes, en la que se hace alabar por las buenas acciones; la pena se prolonga más que en la primera, y esta pena la conduce la enemistad contra el que le denigra. En cuanto al que busca complacer a los hombres por el poder con las apariencias de la humildad, no hay ni odio ni cólera cuando oye que cierta gente ha hablado mal de él; solamente su sensibilidad (t) es afectada por una intensa pena. Estas tres categorías de amigos de la gloria coinciden en la pena cuando son denigradas, pero no coinciden en las otras pasiones. Todo amigo de la alabanza, por lo tanto, cuando una injuria le ofende, sea en palabra, sea en acto, no se llena del movimiento de la cólera, dándose al odio y a maldecir, puesto que la cólera engendra maldición.

Eusebio dice: ¿Y por qué, cuando oye que se ha hablado mal de él, el que busca complacer por el poder bajo la apariencia de la humildad, no se inflama de cólera?

El Solitario dice: Porque el amor a la alabanza no se lo permite, puesto que es mostrando humildad que busca complacer por el poder; no hay ningún deseo de parecer colérico, para no ser más denigrado.

Eusebio dice: Pero he aquí: la primera categoría de la que has hablado, los que buscan ser alabados por sus bienes, son amigos de la gloria y, sin embargo, cuando oyen alguna cosa que les hace sombra, aunque sean tocados por la pena, no se inflaman de cólera; pero, ¿cómo la pasión del amor de la gloria no les impide mostrarse coléricos?

El Solitario dice: Porque no es con las apariencias (σχῆμα) de la humildad que buscan ser alabados, de manera que, si son vistos en cólera, son culpados.

Eusebio dice: Has dicho bien.

El Solitario dice: Os hablaré todavía de otro tema: el que de estas tres categorías de gente libre libran combate (ἀγών) para deshacerse de la pasión del amor a la alabanza, para no hacer nada en vista de complacer a los hombres. Sabed entonces que, para los que presumen de la posesión de bienes del mundo, no hay medio de que libren combate.

Eusebio dice: Esto es contrario a su naturaleza: puesto que su naturaleza alaba la humildad, ¿cómo pueden no combatir la vanagloria?

El Solitario dice: Porque su entendimiento (t) es cautivo de cosas de aquí abajo, y no reflexionan sobre la mutabilidad donde se encuentra la naturaleza de los hombres. Y como su inteligencia (r) piensa en las cosas que ven los hombres, su pensamiento no sale de la región del amor de la gloria. Además, el hecho de que su naturaleza alabe la humildad no logra ser reconocido en ellos, incluso si alaban a los que son humildes.

Eusebio dice: ¿Cómo, puesto que alaban la humildad, no se la ve en ellos?

El Solitario dice: Porque la buena naturaleza que tienen no puede no mostrar su influencia, testimoniando su consciencia (r) de la belleza de la mansedumbre, pero como se multiplican en ellos las pasiones del orgullo, de la vanidad y del amor de la gloria, a consecuencia de la multiplicación de estas pasiones, no aparece en ellos la influencia de la humildad de su naturaleza. Primero, porque la buena voluntad no ayuda a esta pasión de la humildad; en segundo lugar, porque todas las cosas que hacen cortejo a este hombre, a saber: el poder, la riqueza, la seguridad (παρρησία), el honor, refuerzan esta pasión del amor a la gloria por su complicidad, y en consecuencia, la influencia de la humildad cesa de combatir contra ellas y libra los miembros del interior a voluntad de sus pasiones; y la voluntad del hombre les hace convertirse en moradas de sus pasiones para las que se instalan en ellos La pasión de la humildad reposa y permanece en la profundidad de la inteligencia del alma, conforme a su naturaleza, para manifestar en su lugar su influencia, alabando la excelencia de la humildad; muestra su voluntad en la naturaleza del alma, alabando y glorificando la humildad. Pero como la voluntad del hombre no coopera con la pasión de la humildad para darle a los miembros del cuerpo un lugar donde instalarse, la humildad no se ve en tal hombre, sino que la voluntad del cuerpo, con todas sus idas y venidas, está vacía, y es en la voluntad natural del alma que se esconde la fuerza de la humildad y muestra su fuerza en (el hecho de) que este hombre no desprecie la humildad. Su fuerza, sin embargo, no se ve en el hombre, porque la ha desterrado de sí por la voluntad del cuerpo.

Eutropio dice: Has hablado muy poderosamente, pero ahora que has mostrado que el que ama el poder no puede deshacerse de la vanagloria, precísanos cuál es el que se aflige de que la pasión del amor a la gloria la haya vencido y quién combate contra ella para no ser esclavizado.

El Solitario dice: El que busca ser alabado por las virtudes libra el combate de tanto en tanto con relación a sus virtudes para no practicarlas a causa de la alabanza de los hombres. Puesto que cada vez que quiere hacer un bien, con el pensamiento de quererlo, germina en él la pasión por la alabanza de los hombres y esta le hace hacer ese bien por la alabanza; de hacerlo puramente sin esta pasión, esa no le daría todavía la libertad; de no hacer el bien que ha pensado, esto le sume en un combate, porque él quiere ir sobre el bien que ha pensado y por estas reflexiones es conducido a una de las dos: o realizar las cosas buenas que quiere hacer o negligir su observación para que no se hagan. En este combate (ἀγών) le viene la consciencia

(r) de lo que se emplea para las buenas cosas, y quien quiere dirigirlas al objetivo de complacer a Dios y no a los hombres. Por mi parte, aconsejo a quien está en este caso no desviarse de hacer el bien, incluso si sus buenas acciones pretenden el objetivo de complacer a los hombres; puesto que en la omisión de los bienes no hay provecho para el hombre, mientras que del logro de bienes todo hombre retira ayuda.

Eusebio dice: ¿Y por qué el que quiere hacer buenas cosas tiene un combate contra la pasión de la vanagloria?

El Solitario dice: Porque su inteligencia está entre dos (medio), mirando hacia las promesas y hacia los hombres. Para encontrar misericordia ante el juez, busca hacer bien a los indigentes. Pero como no es suficiente perfecto en el amor de los hombres para hacer el bien por amor a ellos, su corazón se regocija de ser alabado por ellos. Y, como teme el juez, por lo que su conciencia le reprocha de no hacer el bien a los hombres puramente sin alabanzas de su parte, cae en el combate y la tristeza.

Pero yo, mis queridos, no he querido exponer solamente los nombres de estas pasiones, lo que he querido exponer, diciendo lo que son y cómo son y cuál es la causa de su crecimiento, sino también su curación: por qué pensamientos cada una de ellas se cura; lo he mostrado según mi capacidad. Sin embargo, como muchos temas son planteados ante nuestros ojos, ceso de hablar, puesto que no sabríamos exponer todas las causas de cada una de las pasiones: de qué hombres son, por qué causa comienzan en los hombres, cuál es el orden de su desarrollo y cuáles son sus movimientos constitutivos. Puesto que haría falta hablar sobre la diversidad de mentalidades de los hombres, como muchos opinan sobre ellas: hay quienes poseen pasiones naturalmente (en la naturaleza) porque la causa de su violencia está en la naturaleza misma, por el orden de la mezcla del cuerpo (temperamento). Otros lo poseen como habiendo por causa la maldad que ha sido relacionada con la naturaleza; otros los denominan demonios fijados en el hombre interior y que, dicen, se desencadenan en el hombre más que los otros casos. Hay quienes admiten que sus pasiones son del alma y que esta es su causa. En cuanto a hablar contra cada una de estas concepciones, este no es el objetivo que se nos ha propuesto, para examinar quién ha sabido hablar más exactamente que el otro, o si todos se han alejado igualmente de la verdad.

Pero hay todavía otros (temas) sobre los que no hemos hablado todavía: sobre la simplicidad, sobre la mediocridad y sobre la excelencia de la ciencia superior. Sobre la simplicidad: porque muchos están en la inocencia; sobre la mediocridad, porque muchos no se mantienen en la inocencia ni alcanzan la ciencia superior, pero están en el medio (neutros), alejados de la inocencia, sin lograr la sabiduría superior. En esta categoría intermedia está la mayoría del mundo, gente que no funciona inocentemente y no hace uso de la simplicidad en sus pasos ni se eleva a la sabiduría espiritual, para ser eminentes por la ciencia en toda simplicidad. Al contrario, toda categoría intermedia es astuta en sus procesos, malvada en sus acciones, sagaz en sus pensamientos, sin contar todos los otros tratos odiosos. Por mi parte, digo que hay una gran ventaja para el hombre, si no se dirige a la sabiduría excelente, de no salir de la primera categoría: la de la simplicidad, para evitar que, dejando la simplicidad primera y no alcanzando la ciencia gloriosa, no se detenga en la categoría mediana, que se dedica enteramente al engaño de los trucos. Al igual que cuando un hombre sale de su casa para ir a la ciudad, si no entra en la ciudad, más le hubiera valido no salir de casa que detenerse en el camino; así es más útil al hombre ser simple en la ignorancia que dejar la simplicidad sin llegar a la sabiduría que le haría estar en la ciencia en toda simplicidad. La verdadera inocencia se encuentra en la ciencia, puesto que no hay inocencia desprovista de ciencia a la que no se le haya mezclado la tontería, puesto que la ciencia, que es superior a la simplicidad vulgar y a toda la mediocridad de las astucias, concluye en el hombre lo que dice Nuestro Señor:

Sed inocentes como palomas y prudentes como serpientes (Mt. 10, 16).

Eusebio dice: ¿Cuáles son los que se mantienen en la categoría mediana?

El Solitario dice: Los jueces y los auditores de los jueces y los que estudian, si no llegan a la virtud.

Eusebio dice: ¿Cómo será en el hombre la astucia de la serpiente?

El Solitario dice: He aquí en qué sentido Nuestro Señor nos ha dado el ejemplo de la serpiente: al igual que la serpiente sabe que en un entorno espacioso no puede quitarse su piel vieja, pero penetra en un lugar estrecho más que al penetrar en un lugar estrecho y en surcos apretados; luego, dilatando su cuerpo, haciéndose delgada en el estrechamiento y gateando para salir, obtiene que su piel vieja se adhiere a los surcos y sale renovada y liberada de su despojo; de ese modo para nosotros también por el ejercicio de las restricciones y por el trabajo de la paciencia interior (r) nuestro hombre interior se deshace de toda la conducta del viejo hombre, y entonces, habiendo quitado toda su vejez, su salida del cuerpo tendrá lugar en toda pureza. Dejemos de lado otra categoría sobre la que habría que hablar: la mayoría de la gente se ocupa de contar los defectos de otros y no cuentan sus cualidades. Un hombre de esta especie oye muchas cosas buenas sobre alguien, pero ellas no se adhieren a su recuerdo (r) y no le viene la idea de contarlas; pero quien oye sobre él una sola cosa odiosa ya está ansioso, lleno de ardor por contarla a todos los que se encuentre, incluso si no se le pide; mientras que las cosas buenas, incluso si se le solicitan, tiene horror de contarlas. Lo que tenga beneficio para sus auditores, lo calla, y lo que haga daño escuchar a alguien, lo cuenta.

Eusebio dice: ¿Y qué diremos sobre esos? Hay en ellos un gran mal, y este mal no deja al bien un lugar donde establecerse en ellos, pero vemos que hay gente excelente que disfruta de contar cosas buenas de otros, mientras que aquel a quien les hace sombra no tiene ganas de oírlo.

El Solitario dice: Sin duda, esta atención está en todos los hombres; y todo hombre está

preocupado de lo que ama y de lo que le preocupa, puesto que no hay nadie que esté desprovisto de ansia por lo que le preocupa y, para
que sepas que son causas exteriores a nosotros
las que despiertan en nosotros estas pasiones,
he aquí un hombre poseído de vanagloria por
su riqueza y poder: si su riqueza y su poder le
son retirados, esta pasión también cesa y, de entonces en adelante, esta pasión ya no vive en él,
pero la causa de su poder la despierta en él, y la
causa de la cesación de su poder la apaga en él.

Eusebio dice: ¿Y estas pasiones son, naturalmente, del alma o del cuerpo? ¿Y se despiertan en el hombre por causas distintas? ¿Hay sabios que han distinguido las que son del cuerpo
y las que son del alma? Querría fijarme sobre la
cuestión de saber si han dicho bien o si hay algo
mejor que su opinión a la que adherir mi alma.

El Solitario dice: Distingue las que se atribuyen al cuerpo y las que se atribuyen al alma.

Eusebio dice: Del cuerpo, dicen, son: el
sueño, el hambre, la sed, el deseo, la intempe-
rancia (ἀσωτία-utha); del alma: la cólera, el celo,
el discernimiento, los celos, el amor al poder, el
orgullo, la jactancia, la piedad.

El Solitario dice: Para las del cuerpo, hay
lo que has dicho, pero para el alma, estas pasiones no le pertenecen naturalmente, sino que,
en la ocasión de las cosas a las que el cuerpo es
atado por la necesidad que hay y por el amor
que tiene por ellas, se hace un lugar para estas
pasiones en la consciencia (r). Dime, de hecho,
¿de dónde vienen los celos? ¿No es que el hombre ama lo que ama al ver a otro sobresalir más?

A saber, en la riqueza o en el poder o en la belleza o en el arte o en lo que sea conocido a los potentados. Y todo hombre, cuando ama algo y ve a otro que sobresale más que él, lleva envidia a este. Acaso el poder en sí mismo o la riqueza o el arte o la belleza o el hecho de ser conocido por los potentados, ¿qué causa les hace amar y envidiar: la necesidad que tiene el cuerpo o la necesidad del alma?

Eusebio dice: La necesidad del cuerpo, puesto que el alma no tiene necesidad de riqueza, ni de la belleza del cuerpo, ni de poder. ¿De qué, en efecto, la naturaleza del alma goza más que de dominar a los hombres? ¿O es que esta dominación también se ve por el cuerpo?

El Solitario dice: Si es la necesidad que tiene el cuerpo de hacer amar estas cosas, resulta que es el amor de estas cosas el que se convierte en la causa de la envidia en quien las ama.

Eusebio dice: Y si el amor de las cosas es la causa de estas pasiones, ¿cómo dominan en el alma? Puesto que están fuera de su naturaleza, como has dicho; o si no tienen afinidad con el alma, ¿cómo domina en ella algo que está fuera de la naturaleza del alma?

El Solitario dice: Como son en el cuerpo manchas y heridas por una causa exterior a él.

Eusebio dice: No están fuera de él, sino que fue dañado por algo que se le relaciona; sin embargo, estas contusiones son extranjeras a su salud, puesto que cada vez que él las hace desaparecer. Al igual que si un hombre se libra al sueño, ve fantasmas fuera de él y, aunque no estén en él, como se vuelve hacia ellos, su temor les domina; mientras que cuando se despierta y se aparta de ellos para mirar su propia persona, al prolongarse el tiempo, poco a poco, los fantasmas desaparecen de su recuerdo, se le quita el temor y regresa a su estado primero, donde no hay ni el recuerdo ni el temor; así cuando la naturaleza del alma se vuelve hacia el cuerpo, aunque estas pasiones y estos movimientos del cuerpo no estén en la naturaleza del alma en sí misma, su molestia la domina. Cuando, al contrario, el hombre rechaza su mirada del cuerpo hacia su alma, para volverse hacia su alma por las virtudes, poco a poco sus pasiones se desvanecen y se mantiene en el orden de su naturaleza integral.

Eusebio dice: Una comparación como la que has indicado es muy provechosa, pero puesto que has planteado que los objetos y el cuerpo son la causa de estas pasiones, he aquí una objeción: vemos que el orden de los demonios no tiene necesidad de objetos ni es revestido de un cuerpo, y estando libre de estas cosas, se agita por sus pasiones malas: por celos, por la maldad y por el amor de la dominación.

El Solitario dice: Aunque esté ahí otro tema, de hablar sobre la naturaleza de los demonios, puesto que les has puesto antes como argumento al tema de las almas, muéstrame en ellos que quieren el bien y que alaban las buenas acciones, como es el caso para los hombres.

Eusebio dice: Y los hombres mismos, cuya naturaleza de sus almas es liberada de estas pasiones, ¿se conducen por el camino de las virtudes?

El Solitario dice: Incluso si no hacen el bien, sin embargo, la naturaleza de los hombres alaba el bien; y en esto se reconoce el poder del bien del alma, que es panegirista de virtudes; pero como los hombres están fijados a los deseos de su cuerpo, impiden que el bien de su naturaleza se manifieste en ellos. En la raza (γένος) de los demonios, al contrario, no me mostrarás a uno solo que alabe las virtudes, de manera que me convenza en lo relativo a las almas por comparación con la naturaleza de los demonios, ya que toda la naturaleza de las almas es unánime en el bien, en lo que alaba al bien, tal como toda la naturaleza de los demonios es unánime en el mal.

Eusebio dice: Si la naturaleza de los demonios no es admisible como argumento para las almas porque no es un cuerpo el que las hace sujetas a estas pasiones, sino que se inclinan hacia ella por su naturaleza, voy a producir el ejemplo de los ángeles: cuando el ángel Gabriel fue enviado por orden de Dios al padre Zacarías, muestra la pasión del celo y de la cólera, puesto que se irrita debido a que el entendimiento (r) del padre duda de la promesa de su palabra y ejerce su celo por el veredicto que pone en su boca.

El Solitario dice: El hecho de que tuvo celo e irrita, ¿es cuando estaba en el orden de su naturaleza y se mantenía en su mundo que estas cosas fueron dichas sobre su consideración, o bien cuándo vino a nuestro mundo y se apareció a nuestra semejanza? Si es cuando vino a nuestro mundo y vio todo a nuestra semejanza que se dice de él que hizo estas cosas, entonces, no propones nada que sea un argumento eficaz con respecto al orden de su naturaleza. Puesto que sí, como se irritó y tuvo celo, piensas que estas pasiones son de su naturaleza; consecuentemente, las palabras compuestas que fueron entendidas de la parte de este simulacro compuesto (que él había tomado) le pertenecen también, naturalmente. Si, al contrario, el parecido en el que aparece es nuestro y no de su naturaleza, y que la voz de la que habla es de nuestra naturaleza y no de su espiritualidad, entonces también la pasión del celo que muestra a Zacarías contra la duda de su inteligencia era una pasión nuestra y no suya. El bendito Apóstol no ponía sus pasiones sobre la consideración de la naturaleza, sino sobre la consideración del cuerpo. Dice en efecto en la epístola a los gálatas: "Los frutos de la carne son la fornicación, la idolatría, la impureza, la magia, la enemistad, la disputa, el celo, la cólera, la violencia, las divisiones, los cismas, la envidia, el asesinato, la embriaguez, la canción y todo lo que se le parezca". (Gal. 5,19). Si son esos sus frutos y no hay entre ellos ni el amor ni la humildad ni la dulzura ni ninguna de las pasiones buenas, estas pasiones gloriosas de amor y de virtud, ¿de qué debemos estimar que son? Si dices del cuerpo, ellas no están en él sin la buena voluntad del alma, la que, cuando se aleja del cuerpo hacia la virtud, hace reventar su virtud en el espectáculo de la conducta del cuerpo; que, si no pertenecen naturalmente al alma, ¿cuál es la causa de estas buenas pasiones?

Eusebio dice: ¿Y hay dos voluntades en el hombre?

El Solitario dice: Hay una del cuerpo y otra del alma. Si no, ¿qué voluntad ha reprendido Dios por la voluntad de su corazón?" (Jer.

9.13)? Ya que la naturaleza virtuosa que está en ellos alaba el bien y el bendito Pablo dijo a los gálatas: "¿Por qué no hacéis lo que queréis?" (Gal. 5.17). Si en nuestra naturaleza hay una sola voluntad, consecuentemente, ¿no nos pertenece querer no hacer algo que queremos? ¿Y cuál es la voluntad que quiere en nosotros, que hagamos algo que queremos? Si esto no es lo que nos advierte de amortizar la voluntad del cuerpo y, gracias a la buena voluntad del alma que está en nosotros, de no hacer la voluntad del cuerpo.

Sepa en efecto esto: si es por su naturaleza que el alma tiene la inclinación por estas pasiones malvadas, ellas son de su naturaleza, y si son de su naturaleza, no cesará de mostrar su petulancia incluso tras su salida del cuerpo, ya que, como el cuerpo duerme al ser el sueño de su naturaleza, come porque tiene hambre, bebe porque tiene sed por naturaleza, y estas cosas le pertenecen perpetuamente. Así el alma, también, se inclinará todo el tiempo hacia las pasiones si están en su naturaleza, y si son de su naturaleza, el hombre no estaría culpado por haber dormido, porque el sueño es de su naturaleza, ni por haber comido, porque el hambre es de su naturaleza, ni por estar unido en matrimonio, porque el deseo es de su naturaleza; aun así, si tiene celos o es pretencioso, no estará condenado al juicio, porque estas cosas están en él al ser de su naturaleza. Al contrario, el hecho de que estas pasiones sean condenadas por Dios, que Él ordene sin cesar que no sean y que Él pronuncie un veredicto sobre quien las sirve. Esto, con otras cosas que he dicho más arriba, muestra que la naturaleza del alma es libre de estas pasiones y que dominan en la psicología (r) por la influencia de causas exteriores al cuerpo y por el cuerpo. Vemos todavía que no es en el hombre solamente que palpitan estas pasiones, sino también en otros cuerpos que están en el alma.

Constatamos en efecto que la naturaleza de los animales, de los pájaros, de los reptiles y de los peces que están en el mar está agitada por seis pasiones: la cólera, la maldad, el amor, el deseo, el discernimiento y el orgullo. De hecho, hay discernimiento en el pájaro por su naturaleza, y una ternura de apego a los miembros de su banda (τάγμα). La maldad la encontramos en los animales y los reptiles; la raza (γένος) de perros es colérica y perspicaz: al ladrar con cólera contra los intrusos, distingue para respetar a sus dueños más que a los extranjeros (ξένος). En la raza (γένος) de los caballos, encontramos que marchan orgullosamente; y sin embargo, esas pasiones no son puestas en marcha por un alma en estos seres corporales, puesto que su alma está solamente en su sangre, y no hay en ellos una naturaleza de alma más excelente. Si quieres distinguir las pasiones, encontramos tres variedades en el hombre: una de la naturaleza del alma, la ciencia-amor de Dios (sic); de la actividad del alma por el cuerpo, las acciones buenas, puesto que la conducta virtuosa es de la actividad del alma en esta vida. De hecho, la naturaleza del alma es superior incluso a la conducta virtuosa, puesto que las buenas acciones son llevadas a cabo por medio del cuerpo: la compasión por los infelices, la castidad, la santidad con las otras virtudes. Si en efecto las acciones virtuosas fuesen de la naturaleza del alma y no de su actividad por medio del cuerpo, ¿por qué estas acciones buenas cesarían en la nueva vida? Puesto que la conducta de la nueva vida es superior a la castidad, a la limosna hecha a los pobres, al desapego, a la superación de pruebas, a lo que hacemos de mal y a lo que somos vengadores de los indigentes y portadores de su carga: estas acciones se nos requiere hacer en esta vida, pero cuando tenga lugar la transformación de nuestro cuerpo en la resurrección, seremos elevados por encima de estas acciones en sí mismas, para estar, en lugar de la conducta de los actos, en la conducta de la ciencia.

En otra encontramos que hay una envidia por el mal y una envidia por el bien: "No seáis celosos el uno del otro (Gal. 5, 26), dice el apóstol; y por el contrario dice: Es bueno envidiar las cosas bellas" (Gal. 4, 18). Entonces esta envidia es buena. ¿Cuál de las dos envidias tendremos para ser de la naturaleza del alma? Puesto que su naturaleza espiritual es superior incluso al hecho de llevar a la envidia por las cosas bellas. No; el hecho de llevar a envidia a las cosas bellas es de la actividad del alma, y para que sepas que la naturaleza del alma está separada, en la profundidad de su intelecto, de los miembros del cuerpo y que es por su actividad, por medio del cuerpo, que es conmovida por los sentidos de este, cuida de que cuando llegue una herida en uno de los miembros interiores, sea en el cerebro, sea en el corazón, no es la naturaleza del alma la que está herida, sino que lo que está herida es la actividad que ejerce por estos miembros. Cuando una cuerda se deja en una cítara o en una 'abuba[39]; y como estas partes por las que el arte se hacía oír han sido perjudicadas, la misma actividad de la mano sobre ellas es reducida al silencio, sin que el arte haya desaparecido de la mano, ni que la mano haya sido herida. Igual, la ciencia del alma es conservada en su naturaleza, y su actividad se sirve de miembros, puesto que si era la naturaleza misma del alma la que se revelaba por el cuerpo, podría también proferir una palabra no compuesta.

Eusebio dice: Mas he aquí que estas virtudes del alma: el amor, la misericordia, la humildad, la mansedumbre, la compasión, la piedad, no se ven en todo hombre.

El Solitario dice: Están en todo hombre y no hay nadie que no los ame ni les alabe. La realidad de su ejecución no se ve en cada individuo. Eso viene de causas múltiples, impidiendo la actividad excelente de hacerse ver por el cuerpo. Como cuando el sol se eleva, si hay una condensación de nubes y de niebla en el aire, impiden que su luz nos sea vista; así los hábitos y la mala educación en los que el hombre ha crecido se convierten en obstáculos en virtud del alma, impidiendo que sea vista en el hombre. Al igual que si las nubes y la niebla se retiran, el resplandor del sol se ve plenamente sobre; al igual, si los malos hábitos se retiran del hombre, se ve claramente en él toda la virtud del alma. Como en la medida en que el sol se eleva en las alturas del aire las sombras de los cuerpos

39   Instrumento de música sirio. En latín "Ambubaiae" (Horacio, Sat, I, 2)

disminuyen por el efecto de la luz intensa, así en la medida en que el alma se rebela en el cuerpo por la virtud, se desvanecen las sombras de los pensamientos de extravío por el efecto de la luz gloriosa del intelecto. Por esta razón, mis queridos, demandemos a Dios todo el tiempo que haga elevar en nosotros la luz de su ciencia para que nos sean visibles las virtudes que se han puesto en nosotros al crear nuestra alma. Y cuanto más podáis, mis queridos, no descuidéis el trabajo del estudio, puesto que, si no hay ciencia, oscuro es todo nuestro interior. Por el estudio, al contrario, nuestro entendimiento (r) también se recoge en sí mismo (en su alma), y como que su recitación os será provechosa, os voy a contar las historias de tal y tal.

Había un sabio que, para no ser molestado en el estudio, cesó de habitar en la ciudad y se construyó una casa fuera de la muralla. Tenía a su lado un dominio sembrado de trigo por el que pasaba continuamente. Cuando alguien de la ciudad se lo preguntaba, si su simiente crecía, decía: Yo no sé ni si está sembrado.

Ved qué útil es para el alma el amor al estudio, ya que la aplicación continua al estudio no permite al entendimiento (r) divagar fuera de él. Para mí también he visto con mis ojos a un hombre cuya morada estaba cerca de unas doscientas personas, y como no dejaba su entendimiento (r) divagar, como se dice de él, se pasó más de doce años sin que supiera incluso quién habitaba con él en el vecindario.

Otro sabio, mientras había tumulto en la ciudad, no estaba perturbado, y otro le dijo:

¿Qué es esto? ¡Todo el mundo está preocupado y tú estás apacible!

Él le dio esta respuesta: ¡Cuántas veces he visto en sueño un tumulto de esta especie! Los que están perturbados, hacen bien en estar perturbados, puesto que creen que están en estado de vigilia; pero yo que estoy en el mundo del sueño, veo el sueño en lugar de la realidad.

El que le había interrogado le responde: Consecuentemente, te conviene estar preocupado, puesto que tú ves un sueño. Siendo que todo el problema que muestra la gente es porque se imaginan que ven la verdad en este mundo; y todo el problema que demuestra el hombre en sus sueños proviene de que se imagina que ve la verdad, pero vendrá el despertar verdadero de la resurrección y todo el mundo comprenderá que ha sido como un sueño en este mundo.

Un hombre a quien se le había hecho la reputación ignominiosa de tener la figura negra no se enfada, sino que coge un espejo, y como se miraba, uno de los asistentes le dijo: ¿Por qué te miras? Dice: Si verdaderamente mi figura es como dice mi insultador, no hace falta que me enfade, puesto que dice la verdad; si su decir no es de verdad, no me conviene que me importune, puesto que no soy lo que dice, y que la realidad no sigue las palabras.

Un juez al que fue dijo: La gente pide para ti la muerte. Respondió: "¿Y qué me dará no aceptar a las personas? Un hombre conocido, tras haber recomendado durante diez años un asunto a quien estaba bajo su poder, sin que este le obedeciera, continuaba todavía teniendo paciencia con dulzor. Uno de sus amigos le dice: Me sorprendes al ver que no te encolerizas contra él, siendo que, a pesar de todas estas largas peticiones, no te ha escuchado. Este hombre le dice: No me admira, si uso la magnanimidad hacia él, puesto que no hay más de cincuenta años que Dios me solicita por sus mandamientos obedecerle y yo no le he escuchado todavía ni me he sometido a su voluntad. Él, en su mansedumbre, me ha soportado. Sí, por lo tanto, no he escuchado a Dios. ¿Tú te sorprendes de que un hombre no me haya escuchado o que le haya tenido paciencia diez años sin enfadarme contra un hombre como yo?

¿Alguien entre los santos recibió semejante golpe que tuvo la pierna rota? Otro le vio y, dándose cuenta de que no se enfadaba contra el que le había golpeado, le dice: ¿Cómo, cuando te ha hecho toda esta herida, no te encolerizas? Este santo le dijo: También, en el camino, cuando caminaba, ¿cuántas veces como esta me sucedía hacerme daño contra una piedra? Yo me digo entonces ahora todavía que he encontrado una piedra y me he hecho daño contra ella sin querer.

—Un solitario, cuando su discípulo rompe el vaso en el que bebía, se imaginaba que iba a enfadarse contra él, porque no tenía otro vaso; responde y dice a su discípulo: No te apenes por esto, puesto que nada irrompible ha sido roto. Observaba esto en toda circunstancia.

Un oficial que había envejecido en su servicio, cuando otro más joven fue honrado y situado sobre él en la armada, dijo a los que se asombraban al no verle irritarse ni tener envidia:

Aunque su cuerpo está sobre el mío, por la moral (ṟ) puede ser que yo esté sobre él. Mirad, este muro del palacio es también algo más que todos nosotros, y nosotros no le tenemos envidia. Entonces, no seamos celosos de lo que es del cuerpo, sino de esto: si uno de nosotros es más grande que el otro por la sabiduría, no por el odio, pero para tener el celo de rivalizar con él. Otro oficial se jactaba de que, después de treinta años, ninguna carne había entrado en su boca. Este bendito le dice: "La carne no ha entrado en tu boca hace treinta años, ¿y hace cuánto tiempo que ninguna maldición ha salido de tu boca?" Lo que no está comandado lo has observado treinta años; lo que es ordenado en todo rigor, (αρα) ¿lo has observado tan solo una semana?

Un bendito que estaba entre muchos hermanos y había pasado muchos años en su comunidad; alguno de los más jóvenes que él por la profesión obtuvo un vestuario más distinguido que el suyo, y le fue dicho por sus hermanos:

Un tal ha obtenido un vestuario mejor que el tuyo. Él respondió: El que los ha obtenido es también mi miembro; y al igual que, si la mano derecha es cubierta y la izquierda desnuda, esta no se enfada contra la que está vestida, así no nos conviene lamentarnos o estar celosos de la aprobación de los otros. Si yo los hubiera adquirido, necesariamente (ἀνάγκη) estaría enfadado; y si Nuestro Señor ha tomado sobre sí el malestar para nuestro alivio, ¿buscaremos una aprobación que moleste a los otros? Un sabio, mientras que su haber le fue robado, permanecía sin cólera y sin venganza. El que le robó le dijo: ¿Por qué razón estás sin cólera contra mí? Él respondió: Me figuro que eres la muerte; la muerte despoja a todo el mundo de sus bienes y nadie se enfada contra ella.

Estas historias, queridos míos, las he contado a causa de la simplicidad de aquellos de nuestros hermanos a quienes les han ocurrido y que no han comprendido plenamente lo que les ha sido dicho antes; por lo que deshonran su buena voluntad. He querido servir a su inteligencia por la narración de apotegmas, relacionados con estos hombres. Que Dios nos conceda a todos que en toda virtud nuestra alma sea ejercida.

Y a Él la gloria por los siglos. Amén.

Fin del segundo discurso sobre la diferencia de las pasiones del alma, sobre la causa de sus movimientos y sobre cuáles son de su naturaleza y cuáles son fuera de ella.

TERCER DIÁLOGO

Y en otra ocasión entramos en su casa y, plegaria hecha, se puso a hablarnos: Para vosotros, queridos míos, no os aburráis con la repetición de mi discurso. Es que, como quiero que vosotros comprendáis claramente, estoy forzado a volver sobre el tema recomendando a vuestra caridad comprender esto. Todo hombre que está más allá de la integridad del alma no tiene ni la caridad ni se escandaliza lo más mínimo, ni la alegría que exulta el espíritu. Esta alegría que no conoce el cuerpo, pero que está escondida en el entendimiento de la inteligencia. La integridad del alma, al contrario, es la luz de su ciencia. Esto no es, en efecto, por la mera audición de palabras que se conoce su misterio. No solamente el misterio espiritual, sino también las palabras de toda otra sabiduría. Todo el mundo oye, de hecho, los nombres de raíces, pero que den calor o sean refrigerantes y cuál es el sentido de estos nombres de raíces, nadie lo sabe, excepto el que ha estudiado la ciencia de la medicina. Al igual que en el arte de la astrología: pronunciamos nombres de estrellas y los signos del zodiaco, pero al oírlos, quien entienda no comprende tampoco el secreto de estos nombres. Es lo mismo en la sabiduría del Cristo; nosotros conocemos solamente el vocabulario. Tal y como entendimos de Pablo, el sublime maestro de la sabiduría, decir sobre Dios el Padre: "En Él se esconden todos los tesoros de la sabiduría y de la ciencia" (Col. 2.3). Entendemos bien los nombres de tesoros, pero cuál es su misterio no lo sabemos; y cuando se nombran los tesoros del otro mundo, no se dice lo que son. Y aun cuando Pablo, rico en ciencia, dice: Hablamos de la sabiduría entre los perfectos, y que especifica que esto no es la sabiduría de este mundo (1 Cor. 2, 6); dice que es, pero no explica cómo es ni cuáles son los misterios.

Tampoco, cuando dice que recibimos la ciencia, no dice cuál es esta ciencia o en qué misterios evoluciona, porque el que oye podría, cuando la palabra contempla el otro mundo y habla de él, pensar que, oyendo las palabras sobre él, conoce también su ciencia. Pero si el hombre está sobre la integridad por su actitud interior (r), el Cristo se manifiesta a él mismo. Al contrario, a quien está sobre la integridad, el Cristo no es manifestado por su ciencia. Lo he mostrado más arriba por la demostración (extraída) del evangelio: El que tiene mis mandamientos y los observa, es él que me ama; y quien me ama será amado por mi Padre y yo le amaré y me mostraré a él (Jo. 14, 21). Es ahí la vía que hace aproximarse a Dios; es ahí la ruta por la que el hombre camina hacia Cristo. Porque, en efecto, el misterio de Cristo debe también ser revelado en el mundo nuevo a los santos, y su conducta tras la resurrección está sobre la integridad del alma. Esta conducta, siendo un intelecto unido a Dios por su ciencia, a causa de esto el hombre no es capaz de recibir la revelación del Cristo en esta vida, a menos que obedezca sus mandamientos, puesto que en la obediencia a sus mandamientos está la pureza del entendimiento (t) y, si se duda de estas verdades, hay un testimonio para dar a todos los hombres. ¿En efecto, a quién, entre todos los que están en problemas y agitados, cuya consciencia (r) es compartida y que son malvados en sus acciones, el Cristo ha sido revelado por la ciencia de su misterio? ¿Y quién ha cuidado de someter su alma a la ley (νόμος) del Cristo en toda humildad de consciencia (r), sin que su inteligencia haya sido iluminada por la esperanza de Dios? Si nos entregamos al trabajo del estudio, se podrán conocer muchas cosas de parte de los que han recibido el don de Dios.

Eutropio dice: Por tanto, hay muchos que han penado en la práctica y que no tienen la sabiduría de la comprensión.

El Solitario dice: ¿Y qué hay de más excelente que los que hayan rechazado las concupiscencias del cuerpo?

Si se purifican también de las pasiones del interior, verdaderamente son colmados de júbilo en la bendita consciencia (t) de su esperanza. Pero puesto que me has llevado sobre este tema, quiero mostrarte en mi discurso cuál es esta práctica de trabajo y de qué causa viene en cada hombre. Primeramente, entonces, sabed que este trabajo no es ni corporal ni psíquico: no es corporal porque no consiste en los vicios del cuerpo, no es psíquico porque no abona las pasiones del interior, y no es a estos trabajos a los que se aplica la naturaleza del alma.

Ahora que he dicho cuál es su categoría (τάξις), escucha cuál es su causa: Este trabajo es: el estar de pie, mirar a los ojos, el descalzarse, el ayuno de los alimentos, con otras aflicciones; estas cosas no son de la ciencia, sino del fervor de la voluntad (ř). Este fervor comienza a ser en la voluntad (ř) a partir del momento en que la gracia le da a sentir que hay otra esperanza; por temor al tormento del infierno, comienza a despreciar las cosas presentes y a amar las cosas prometidas, y por esta causa la voluntad (ř) arde por afligir su cuerpo. Se aflige su cuerpo a consecuencia de los pensamientos que he dicho: cuando se medita sobre la aflicción por venir, por la aflicción corporal de aquí abajo, se busca salirse de esta aflicción. Pero este trabajo no es la ciencia que lo inspira (al hombre), sino el fervor de su amor, de manera que, si llega al fervor de enfriarse, comienza a relajarse de su trabajo; y si el fervor desaparece de su voluntad (ř) sin que, sin embargo, modifique su trabajo, no es más por amor que apoya su trabajo, sino por el respeto humano y por una tímida aprehensión de abandonar su regla (νόμος). Este trabajo conviene a los hombres corporales; para los psíquicos es despreciable. Para los hombres espirituales, todo lo que es en nombre de Cristo les agrada, puesto que, así como Jesús Cristo Nuestro Señor ha dado a toda debilidad un motivo de esperanza, por la recompensa que promete para toda cosa hecha en su nombre.

Voy a decir por qué es grande a los ojos de los que son corporales, en cuanto a la mentalidad (r), y despreciable a los ojos de los que son psíquicos en cuanto a la sabiduría: es que quien es corporal por su mentalidad (t) no conoce nada fuera de lo que se ve por el cuerpo; y como él ve que el cuerpo se avergüenza de lo que disfruta, admira el cuerpo por lo que es de duradero; y como desdeña las cosas que el cuerpo ama, se imagina que es ahí el colmo de la justicia; y a causa de esto, el trabajo del cuerpo es estimado santo (justo) a los ojos de los hombres. Tales eran también los fariseos que, siendo separados del pueblo por vestiduras y calzado diferente, con ayunos determinados, siendo considerados como justos a los ojos del pueblo, pero Nuestro Señor, para desvelar su interior que no estaba en armonía con el exterior, dice: Os justificáis a vosotros mismos a los ojos de los hombres, pero Dios sabe lo que está en los corazones, porque lo que es elevado a los ojos de los hombres es abominable ante Dios (Luc, 16, 15), es decir: Por vuestra máscara (σχῆμα) exterior os aparecéis a los hombres como justos; (mas) Dios no ve como los hombres el exterior, Él escruta lo que hay dentro, y como ve que vuestros corazones no son puros ante Él, en lo que sois grandes a los ojos de los hombres, esto es abominable ante Él (Luc, 16, 15).

En cuanto a los hombres que son psíquicos en cuanto a la sabiduría, desprecian el trabajo del cuerpo; por esta razón, su inteligencia (t) es ejercida en el estudio; por su sabiduría pretendida, desdeñan el trabajo del cuerpo. El hombre espiritual, como todas sus ideas (t) se conforman a Dios, se parece a Dios; y como conoce a todo hombre en su medida, agrada con alabanzas la mentalidad de todo hombre en todas sus variedades.

Al contrario, estas dos clases (τάξις), las corporales y las psíquicas, como están bajo la integridad, acusadoras y denigrantes, se hacen jueces de las acciones de todo el mundo y, por así decirlo, nada les gusta sino la voluntad de la idea propia (t). La causa por la que la voluntad de su propia idea es lo único que les es agradable; lo que se imaginan que es lo que les importa es la justicia y la sabiduría universal.

Eutropio dice: Puesto que has dicho muchas veces que todos aquellos cuya mentalidad (r) está sobre la integridad no comprenden cuando entienden el misterio del otro mundo, deseamos que nos expliques a qué causa se debe que no comprendan.

El Solitario dice: Prestad atención, queridos míos, a que el genuino nacimiento del hombre verdadero está sobre la integridad, puesto que también el bautismo que ha sido establecido para ser el tipo (τύπος) del nacimiento nuevo tras la resurrección está sobre la pureza, y al igual también este nacimiento verdadero de la resurrección está sobre la pureza, pero para que comprendáis enteramente, prestad atención a lo que digo: Representaos el bautismo, la resurrección y la integridad, puesto que su misterio es único, a semejanza de la placenta. Al igual que el comienzo del nacimiento del hombre corporal, consiste en que sale de esta membrana y se encuentra en las condiciones de esta vida, al igual que el nacimiento auténtico del hombre verdadero no consiste solamente en que sea prisionero debido a la pureza, sino en que salga de la integridad y se encuentre en la ciencia de este mundo. Al igual que la placenta es intermediaria para el niño, entre la vida del seno y la vida de este mundo, saldrá de la placenta para entrar en esta vida; así la integridad es intermediaria para el hombre invisible, entre la conducta virtuosa de esta vida y la vida verdadera del intelecto (en posesión) de la ciencia del mundo espiritual. Al igual que es imposible que el hombre sienta y vea los colores de esta creación, si primero no ha nacido de su placenta, así es imposible para el hombre sentir y comprender el misterio del mundo espiritual, a menos que primero no sea purificado de toda mancha, de manera que no deje la pureza de las obras y no se atenga a la vida de la ciencia.

Y como son raros los que han merecido, por la ayuda de Dios, ser purificados de la deshonra de los vicios, por esta razón son raros los que han adquirido consciencia de la sabiduría del mundo nuevo. Mi discurso se eleva ahora a un tema sublime y en pocas palabras contiene muchas cosas. Más allá de la integridad, entonces, está la otra vida tras la resurrección, y es la conducta del hombre nuevo, no en las obras, sino en la ciencia, puesto que las buenas obras son sobre la pureza en esta vida. Y hasta la pureza de entendimiento (r) es el dominio donde a todo su vigor la ley (νόμος) de la naturaleza y de la Escritura. Más allá de la pureza, por el contrario, está la conducta espiritual. Es denominada espiritual, no porque sea rigurosamente perfecta en espíritu aquí abajo, puesto que esto no es dado fuera del mundo nuevo, sino que es denominada espiritual porque es animada por una ciencia superior a la orden (τάξις) psíquica constituida en el cuerpo, puesto que en la espiritualidad estricta ningún hombre, después de que el mundo fuese creado, ha tenido su conducta, excepto solamente Jesús-Cristo Nuestro Señor.

Eusebio dice: ¿Y cuál es el orden (τάξις) de la conducta de los justos ancianos?

El Solitario dice: Evolucionan en la justicia de las buenas obras; toda su honestidad se limita a ir hasta la pureza de conciencia (r) y nada más. También la ley (τάξις) natural que era depositada en ellos no tenía la fuerza de otra cosa si no es la de enseñar a la inteligencia (t) a distinguir entre el bien y el mal. Por el resto, el mismo Dios, enumerando las obras buenas en Ezequiel, no llama espiritual a quien las realizaba, sino que "quien las haga, será justo" (Ez. 18, 19). De hecho, el Antiguo Testamento (διαθηκη) no da en ninguna parte a un hombre el nombre de espiritual, puesto que los hombres no son capaces de elevarse por encima de la pureza de consciencia (r) en esta vida, a menos que un hombre no reciba una revelación divina. ¿Cuánto será capaz de atravesar las paredes que se levantan entre él y la pureza? Yo llamo paredes a las obras malas, las pasiones odiosas y los pensamientos inmundos que se levantan como paredes frente a la voluntad (r) del hombre. ¿Y cómo raramente podrá atravesarlas para estar fuera de ellas en la visión verdadera de este mundo? Uno, en efecto, atravesará la pared de la lujuria, y luego hay, frente a su voluntad (r), la pared de la maldad. Otro atraviesa la pared del amor al dinero y la envidia como una pared y se pone de pie frente a su inteligencia, y de otros que no expondremos. Pero de que el hombre las atraviese todas y salga para estar fuera de todas, no creo que la naturaleza sea capaz sin la ayuda de Dios. Sí, sin embargo, ocurre que las atraviesa todas y se encuentra fuera de ellas; ha dejado la conducta de este mundo y ha comenzado a estar en la conducta del mundo de allá, cuya conducta es la visión verdadera de sus misterios. Jesús Nuestro Señor, desde el comienzo, por sus maneras gloriosas, vive por encima de la pureza; puesto que ninguna pasión le torna hacia la vista de nuestro mundo: y jamás se levanta ante su voluntad (r) la pared de un pensamiento odioso, puesto que ha roto la pared de toda enemistad, como dice Pablo: ha roto el muro de la enemistad (Ef. 2, 14).

Eusebio dice: ¿Cuál es el muro de la enemistad?

El Solitario dice: En el tema del que vamos a hablar, escucha, llamo pared a toda conducta odiosa, compuesta de pasiones malas, "enemistad", porque en esta conducta nos hacemos enemigos de Dios. "Sois enemigos en otros tiempos por las malas obras" (Col. 1, 21). Y al igual que una pared impide la vista del cuerpo de ver alguna cosa fuera de ella, así por la conducta mala la vista del alma es impedida de ver el misterio de este mundo.

Eusebio dice: ¿Y por qué el bendito Pablo no ha dicho que la derriba, sino que la perfora?

El Solitario dice: En otro manuscrito está esta lección. Es cuestión de la enemistad entre el pueblo y los pueblos la que fue abolida por el Cristo. Además, voy a satisfacerte sobre el tema de tu interrogación. No ha dicho "derribado" porque desde la antigüedad esta conducta odiosa era plenamente afianzada en toda naturaleza de los hombres, sin que haya habido nadie que pudiese hacerle brecha para encontrarse fuera de ella en la conducta de la vida nueva.

Pero Nuestro Señor, naciendo en nuestro mundo, no ha podido (permitir) que se elevara ante Él esta pared de la conducta malvada, sino que la perforó por el poder de su ciencia y estuvo fuera de ella desde el principio de su nacimiento. Por la brecha que muestra en ella, da a los hombres la esperanza de que estarán fuera de ella tras la resurrección; y por la brecha que hizo, resplandeció dentro de nuestro mundo una luz salida de la luz de este mundo que es la esperanza de Dios. Pero no solamente la conducta de Jesús, nuestro Vivificador, estaba más allá de la pureza, sino por encima (incluso) de los dos signos (etapas) que están por encima de la pureza: lo que es la Trinidad, ese misterio propio del espíritu[40]. Puesto que Él solo ha vencido el mundo por el poder de su ciencia.

Todos los justos, al contrario, han crecido por sus virtudes sin alcanzar la pureza de entendimiento (r) hasta la venida del Cristo. Tras su

---

40   "Yad'a", como en griego σεμειον, puede significar hito, piedra miliar y, por lo tanto, etapa. Pero el autor no dice en ninguna parte cuales son las dos etapas superiores a la pureza.

venida, ha sido dada por Dios a tal y tal hombre la sabiduría que hace parecer al ideal espiritual. Tal ha sido el progreso de Juan Bautista en la sabiduría del misterio de Cristo, puesto que la conducta que sigue su hombre interior era legal (νόμος) al modo (σχῆμα) de los nazarenos. "Juan ha venido a nosotros en la vía de la justicia" (Mat. 21, 32); "él no comía pan y no bebía vino" (Luc. 7, 33). Pero la gente que es corporal en cuanto a su entendimiento (r), cuando ve a alguien cuya conducta es decente y ejemplo de vicios, o que plantea el trabajo del cuerpo, se imagina que es espiritual. Por lo tanto, no solamente no es espiritual en esto, sino que no lo es enteramente si no tiene ningún pensamiento villano. Es la cosa que no puede estar entre los hombres, pues cuando (el hombre) es purificado de estas cosas, es todavía denominado psíquico; y es porque se ha girado hacia la conducta virtuosa del alma que es denominado psíquico, pues adquirir el ejercicio de las sabidurías por el entendimiento (r) es la conducta natural del alma en esta vida, puesto que esta naturaleza les constituye.

Al igual que el día anterior, la estación, el trabajo y la fatiga, es la naturaleza del cuerpo que les soporta y ella se absuelve; así las sabidurías en un entendimiento (r) puro es la naturaleza del alma que les comporta, y como en los trabajos del (hombre) exterior, el interior tiene su parte, puesto que este, que alienta a hacerlos, y el exterior tiene parte del trabajo del interior, porque él es órgano (ὄργανον), y a causa de esto ellos participan de una misma retribución. Si a causa de buenas acciones y de un entendimiento (r) puro denominamos a alguien hombre espiritual, en este mundo, ¿en qué debe convertirse si ya es espiritual?

Pero si aquí abajo no es perfecto, es claro que aquí abajo es psíquico y que debe hacerse espiritual al final. Prestad atención a lo que os he dicho muchas veces: que en la conducta espiritual no son las acciones virtuosas o las preocupaciones de las cosas buenas, sino que es un intelecto unido a Dios por la ciencia de sus misterios, pues es un hecho que la vida que recibirán los hombres tras la resurrección es superior a las acciones virtuosas. Ahí no estaremos en las acciones para que demos a los pobres o que vistamos a los desnudos o que recibamos a los extranjeros (ξένος), o que honremos a los padres, que no odiemos ni envidiemos, o que los hombres piensen bien los unos de los otros, o que sean humildes y misericordiosos, etc.: estas cosas son gloriosas y honorables en esta vida: la humildad es honorable en comparación con el orgullo, y la austeridad en comparación con el disfrute. De otro modo, la conducta de cada uno de nosotros aquí abajo será la de un estado de espíritu (r) que evoluciona en la sabiduría de Dios. Como no hay nadie que sea elevado a la autenticidad de la ciencia espiritual, a causa de esto no hay persona que sea perfecta hasta ser un hombre espiritual en este mundo, salvo solamente Nuestro Señor Jesús-Cristo, que nos ha mostrado este misterio en su persona, porque solo Él es la verdad auténtica. Él, a quien el Apóstol llama cuerpo y a nosotros miembros (Ef. 5, 30).

Eusebio dice: ¿Por qué llama él al Cristo cuerpo y a los santos miembros?

El Solitario dice: Porque el cuerpo posee todas (las facultades) de ver, de oír, de tocar, de ir, etc. A causa de esto llama al Cristo cuerpo, para mostrar que Él es perfecto en todos los misterios de la verdad. En cuanto a los fieles, los denomina miembros para nosotros aprender que, al igual que cada uno de los miembros no posee la plenitud de todo el cuerpo, sino que a cada uno de los miembros pertenece un don en particular: a las orejas el oído, a los ojos la vista, a la lengua la palabra, a las manos el tacto, a los pies la marcha, a las narices el olor… Así a cada uno de los santos en particular le ha sido dado un don del misterio de la verdad; mientras que el Cristo, en tanto que cuerpo, se realiza en todos.

En este sentido (r), Pablo llama a los Corintios: Sois del cuerpo de Cristo y sus miembros en vuestro lugar (1 Cor. 12, 27). Es decir: Cuando incluso sus dones están en vosotros, sin embargo, cada uno de vosotros, como un miembro en su lugar, posee un solo don. Puesto que Dios ha situado en su Iglesia a los apóstoles, luego a los profetas, luego a los maestros, etc. (1 Cor. 12, 28). Es decir: ¿todos estos dones son un solo hombre? No, cada uno de vosotros tiene uno solo y todos están en Cristo. Por excelente que sea esta interpretación, no es todavía espiritual, sino psíquica, ya que el corporal medita, como dice Pablo, el cuerpo y el cuerpo se dibuja en su entendimiento (r). El psíquico, como he dicho, está en este estado de espíritu (r) del cual habla también el Apóstol (¿1 Cor. 2,

24?). Si entonces alguien dice cuál es la verdad del Cristo, se aproxima a la ciencia espiritual; puesto que el Apóstol no ha dicho que el Cristo es realizado en toda verdad, todavía no ha explicado cuál es su verdad. Esto solo al Cristo le corresponde saber, y a los santos también esto debe ser revelado en el nacimiento nuevo de este mundo, puesto que incluso en este hombre espiritual, Pablo, si es necesario que lo digamos, su pensamiento no era dominante porque la naturaleza de los movimientos de su alma no tenía en esta vida el poder de penetrar la exactitud de este misterio.

Eusebio dice: ¿Y qué diferencia hay entre el psiquismo y la espiritualidad? ¿O por casualidad hay algo de espiritual que se mezcle con la naturaleza del alma y, cuando lo logra, el hombre es llamado espiritual y, cuando está en la naturaleza de su alma, se llama psíquico?

El Solitario dice: La diferencia entre el psiquismo y la espiritualidad es como la diferencia entre el psiquismo y la corporeidad. La corporeidad no es otra naturaleza aparte del cuerpo ni la espiritualidad es de otra naturaleza aparte del alma. Solamente, cuando el hombre se vuelve hacia las concupiscencias del cuerpo y realiza en actos las pasiones de sus instintos, se mantiene en el orden (τάξις) de la corporeidad. Por el contrario, cuando el hombre se aleja del cuerpo y realiza la actividad del alma que está en él, por acciones virtuosas, es denominado psíquico, porque se vuelve por sus actos hacia el alma; al igual que es llamado corporal cuando se vuelve por sus obras hacia el cuerpo. Pero

como la naturaleza del alma es espiritual, puesto que el orden (τάξις) de su naturaleza no es la
realización de actos, sino la ciencia del espíritu, si el hombre se eleva por su ciencia sobre la
realización de actos virtuosos, no estará desde
entonces en el orden psíquico, sino en el orden
espiritual, porque se ha vuelto hacia la ciencia
de la naturaleza de su alma, que es espiritual, y
es denominada "animal" porque está revestida
de un cuerpo, y es impulsada por los sentidos
de ese mismo cuerpo. He ahí, pues, el orden de
la diferencia de estas denominaciones.

Es por eso, queridos míos, que, a la conducta espiritual, hay que decir, llegan algunos
casos aislados; a la psíquica, poca gente; a la
corporal, todo el mundo. El espiritual está en
la alegría y la caridad divina; el psíquico, por sus
acciones, en el temor y en el orgullo del entendimiento (r), a menos que no se humille ante su
naturaleza. Está en la aprehensión de relajar los
hábitos que ha adquirido. La causa por la que
domina en él la pasión de la vanagloria es esta:
como no sabe que tiene una conducta escondida que no se ve en los miembros exteriores y
por la que aprendería su pequeñez en comparación con la conducta secreta, hay la pretensión de estar en la perfección. Y como él ve a
los hombres conducirse corporalmente, tiene
la pretensión de ser más excelente que ellos. A
causa de esto, la humildad verdadera que viene de la ciencia no se encuentra más que en el
hombre espiritual. Nuestro Señor, que es perfecto en la conducta espiritual, dice: Aprended
de mí que soy dulce y humilde de corazón (Mt.

11, 29). Digo además que el alma que ha tomado conciencia de su esperanza es pacificada en
toda humildad y, a causa de su humildad y de
su gran ternura, demuestra siempre lástima, no
la lástima del mundo, sino en esta disposición
(r) que dice nuestro Señor: "Los zorros tienen
madrigueras y los pájaros del cielo un abrigo,
y el Hijo del hombre no tiene donde posar su
cabeza" (Luc. 9, 58).

Puesto que cuando el alma contempla su
esperanza y mira a los hombres y ve dónde está,
se angustia. Además, como el hombre se pregunta en su alma: ¿tendría yo (αρα) la alegría
tras la separación de mi alma con el cuerpo, la
dicha tras la separación de mi alma con el cuerpo, o bien, estaría yo de nuevo en la angustia?

Si yo estoy de nuevo sin ciencia, he ahí
la pasión del llanto. Además de pensamientos
como estos, el alma no puede presumir de lo
que sea, sino que continuamente está en la pasión de la humildad y la pena, la alegría siendo
robada por la pena; pero de tanto en tanto, la
alegría se manifiesta en su psicología (t). Yo ad-
miro a los hombres que no alcanzan esta medida
de ciencia: ¿cómo pueden imaginarse que son
humildes? Puesto que la psíquica es orgullosa
de su conducta y de su sabiduría, de su conducta ya he hablado; no he expuesto solamente su
pasión, sino también la causa por la que anida
en él. Ahora escuchen sobre la sabiduría: ¿por
qué su ciencia le hace orgulloso? Porque toda su
sabiduría viene del ejercicio y del estudio, y todo
lo que sabe ha sido dicho en palabras; porque
no progresa por revelaciones espirituales que

son inexplicables, de modo que se conoce por su sublimidad la medida de su ciencia, que no es capaz de comprender como son, como ha percibido lo que son; a causa de esto, de todo lo que sabe está orgulloso, porque se imagina conocer la verdad, al modo de un hombre que ha adquirido de hecho la riqueza de un vestido del pelo de cabra, que se sirve de vasos de plata y cuyo dominio ejerce sobre un pequeño número de esclavos; si, porque posee solamente estas cosas se imagina que está ahí la riqueza y no ve los tesoros de los otros, concebirá el orgullo por su riqueza con un aire altivo ante los otros; pero si ve la riqueza de otras personas más grandes que él, por el recuerdo continuo de su riqueza, su riqueza se encogerá a sus ojos.

Si al contrario no hace sino considerar a los que son más pequeños que él, estará orgulloso perpetuamente. Así, aquel cuya ciencia sea ligera, si no reúne las ciencias más abundantes o si no ve en su alma revelaciones espirituales, la pasión del orgullo domina en él con la pretensión de saber alguna cosa. Como otros que, si son exegetas de un solo profeta, estarán orgullosos de su sabiduría, como si hubiesen alcanzado los límites de la ciencia por la exégesis de todos los profetas, y no se dan cuenta de que, en vista de la ciencia sublime, muchas cosas son enunciadas en las escrituras que Dios no habría querido que fuesen dichas si los hombres se condujeran justamente. Pero como a causa de acciones malas el error ha dominado en ellos, por la abolición del error, muchas cosas han sido enunciadas, como: No adorarás a ninguna imagen ni representación (Éxodo 20, 4), o como: Por mí mismo he jurado, dice el Señor, que soy yo quien adorará a toda alma que, si hubiesen estado en su adoración, no habría sido dicha; o como: Convertíos y sabed que soy yo (Sal. 46, 11). Advierto que, si no hubiesen mirado los ídolos, no les habría dado; y amarás al Señor tu Dios (Deut. 6, 5), intimación que, si tuviesen estado en su amor, no habría habido lugar; o como el hecho de que la mayor parte de los profetas han hablado de cautividad, de regreso y exterminación de pueblos: "Si los hombres hubiesen caminado en la justicia, todo lo que ha sido dicho y hecho en los tiempos de los profetas no habría tenido lugar ni habría sido dicho. Según era la conducta de los hombres, así hacía la enseñanza desde su punto de vista. Muchas respuestas de los profetas han sido dadas por la abolición de cosas odiosas. Pues, de todos modos, ¿a quién ha hablado Dios? ¿A los sabios y a los hacedores de virtudes o bien a los tontos y a los viciosos? Si ha hablado a los estúpidos y a los hacedores de vicios, es claro que ha hecho una enseñanza destructora de su estupidez y su maldad. O el misterio nuevo es más poderoso que el antiguo: es tanto más poderoso en su riqueza que la mar en la riqueza de sus flotes es más poderosa que un pequeño lago. Entonces, según la palabra de mucha gente que no le importa la sabiduría de la verdad ni las cosas grandes para conocerlas, ¡quitemos la esperanza que nos ha preparado este Ser santo y meditemos lo que ha sido dicho para la destrucción de los ídolos! Porque nosotros persistimos en estas órdenes y no somos diligentes para subir hacia lo que nos ha hecho contemplar nuestro Maestro el Cristo, premisas de nuestro reino, por el que seremos redimidos de la servidumbre de los principados extranjeros por la estabilidad de su única realeza. Pero los hombres que no aman la sabiduría, si alguien les indica que se aproximen sin temor al misterio de la verdad de la doctrina del otro mundo, empiezan a temer y dicen: "No escrutemos ni busquemos por temor a equivocarnos", pues ellos gatean sobre la tierra en la búsqueda de la riqueza. He ahí quienes bucean en el mar, sin preocuparse de morir ahogados; el amor al oro les hace afrontar todos los peligros (κίνδυνος). Si entonces el amor a la verdad estuviese en nosotros, sin cesar suplicaríamos a Dios que nos revele su sabiduría escondida. Yo diría aún otro medio, sobre el tema de la pasión del orgullo. ¿Cómo el hombre no se enorgullecerá interiormente del ejercicio de la sabiduría? Este será para él el medio de no volverse orgulloso: ser ferviente en el amor al estudio, no desde un aspecto solamente, sino de muchos, y por su amor, la pasión del orgullo será detenida, gracias al fervor con el que el intelecto (t) buscará aprender muchas cosas. Ahora que habéis entendido la causa de estas pasiones, sabed que la fuerza de la humildad languidece en el entendimiento (t) de los somáticos y de los psíquicos. Escuchad cómo se encuentra en el pneumático, en su conducta y en su ciencia. En su conducta, después de lo que tengo que decir: cómo se ha hecho sensible a la esperanza de los hombres y a la gloria que les ha sido preparada por la gracia de Dios, admira la misericordia de Dios y se vuelve respetuoso con los hombres por caridad, como alguien que considera que Dios ama a los hombres y qué esplendor tienen hacia Él.

Los que, al contrario, no son sensibles a la riqueza reservada a los hombres en el nuevo nacimiento, odiarán a los hombres por el desprecio que tienen por ellos. Gente distinguida por la riqueza y los honores de su rango en su ciudad, irá a otra ciudad y tendrá apariencias simples y maneras pobres; todos los que no están al tanto de su grandeza no podrán testimoniar honor y amor, sino que serán despreciados con arrogancia; si, al contrario, hay gente entre los que están al corriente de su grandeza y de su poder que les ve, es claro que no podrán elevarse sobre ellos, sino que se aplicarán, honrándoles, a mostrarse amigos suyos. Según este ejemplo, entonces, los hombres se odian unos a otros por su maldad y se alzan unos sobre los otros por su desconcierto, por falta de sentimiento por la gloria superior que tienen hacia la bondad de Dios. El que, al contrario, tiene el sentimiento de sus honores en alto, está en toda humildad a los ojos de los hombres, porque no mira su aspecto pobre de aquí abajo, sino el grandor de su gloria de arriba. Y cuando incluso los viera caminar en todos los vicios, no puede odiarles ni desdeñarles, porque sabe que, si los hombres tuviesen el sentimiento de lo que Dios está dispuesto a darles, no Le provocarían la cólera por su maldad. En esta disposición (r), entonces, el hombre glorificado no puede estimarse a sí mismo con más excelencia que ellos, porque sabe que están destinados a estar en un estado de espíritu (t) que no piensa en el pecado y se reserva a una vida que se mueve en la sabiduría de la verdad. Sobre la ciencia del hombre espiritual, como no está orgulloso por la pretensión de sabiduría, en pocas palabras, comprended lo que digo. Es que su ciencia progresa en un misterio superior a los corporales y a los psíquicos; y este misterio, lo percibe en una revelación, puesto que la naturaleza de estos movimientos no tiene por sí misma (el poder) de agarrar la verdad, ya que este misterio es demasiado alto para ser concebido; puesto que lo que sabe ser demasiado alto, viene de una revelación; este hecho puesto que no logra concebirlo como le fue revelado, tiende a la enfermedad de su alma cautiva en el cuerpo; y como continuamente domina en él la admiración por la profundidad de la sabiduría de Dios, considerando lo inferior que es esta vida al misterio futuro y que no es posible a la naturaleza de los hombres lograr esto sin la gracia de Dios; a causa de esto, por el hábito de estas reflexiones está en toda humildad. Comprended, por eso, queridos, estas tres categorías que he dicho según la mesura de mi inteligencia (t), y la causa que las conduce al amor de Dios y de los hombres, y que he querido haceros conocer plenamente. Pues si vosotros tenéis el sentimiento de la esperanza reservada a vosotros, seréis liberados de todas las pasiones perjudiciales y pondréis en vuestras almas la imagen del amor de los hombres.

Como he dicho más arriba, vuelvo a decir que los que tienen el sentimiento de la esperanza de los hombres tienden a una inclinación perfecta por el bien. Supongamos que hay gente en una ciudad molesta por un exceso de pobreza, a quien el rey envía la promesa honorable de que quiere que permanezcan con él en el palacio (παλάτιον) en la gloria y el honor. Los que tienen el sentimiento de esta promesa no podrán estar más en el odio en vista de estos pobres, pero esos mismos a quienes antes eran despreciables se adjuntarán a ellos en afecto de humildad. Esos, al contrario, que no conocen el secreto enviado de la parte del rey, no solamente no serán respetuosos hacia ellos, sino que les mirarán con total desdén, según este ejemplo entonces, los hombres están, en esta creación, en las vejaciones y las angustias, pero Dios, en su misericordia y en la riqueza de su gracia, ha hecho conocer a los hombres en el santo Evangelio (Ευαγγελον); y los que han tenido conocimiento de las promesas de Dios hechas a los hombres, se apegan a los hombres con una caridad perfecta; los que al contrario, por estupidez, no tienen conocimiento del misterio de la esperanza de los hombres ante el Maestro universal, se miran con indiferencia y en sus acciones se llenan de odio. Nos conviene mirar sus pecados de aquí abajo, pues están destinados a ser sin pecado; sobre todo cuando se trata de gente bautizada, pues todo hombre que ha sido bautizado no conviene que lo miremos como lo que es en esta vida, sino como lo que será en la otra vida, ni en las acciones de aquí abajo, sino en su conducta de arriba.

Eutropio dice: Puesto que la caridad ha dicho que los que han tenido conocimiento de la esperanza de los hombres no pueden odiarles ni despreciarles, por lo tanto, vemos que todos los hijos de la Iglesia entienden las promesas del Evangelio y hay pocos que no odien ni desprecien a sus compañeros.

El Solitario dice: Incluso si a todo hombre le ha sido revelada la promesa de Dios, sin embargo, no a todo hombre que tiene el sentimiento por la ciencia tiene su tema: si un hombre rico promete a los hijos que ruegan que les dé amianto (ἀμίαντον) y ropa teñida con cochinillas y de seda, aunque conozcan estos nombres, no conocen el color y el aspecto de los objetos designados por estos nombres para alegrarse de las promesas de este hombre y para amarle; así Dios también ha prometido a los hombres los tesoros grandiosos de su reino y las palabras en sí mismas todo hombre las entiende, pero para comprender el sentido de las palabras, su intelecto (t) es demasiado pequeño. Como dice el Apóstol: Pienso que los sufrimientos de este tiempo no son iguales a la gloria futura que será revelada en nosotros (Rom. 8, 18). El Apóstol ha hablado así, lleno de admiración por la concepción de este grandor futuro, pero los hombres no tienen conciencia del nombre que haya nombrado, sin darse cuenta de cuál es el misterio incluso de la gloria; y como no conocen más que el vocabulario de las promesas, a causa de esto no admiran la riqueza de Dios ni son sensibles a la belleza de estas promesas, de modo que su entendimiento (r) se hace ferviente y ellos aman, aunque solo sea por la liberalidad. Además, se desdeñan unos a otros porque no conocen su esperanza. A causa de esto, aplicaos a comprender la esperanza futura y seréis maestros de vuestras pasiones. Que en estas cosas esté el ejercicio de vuestra inteligencia (t), queridos míos, puesto que ellas son provechosas para vuestra vida; pues más que la sabiduría temporal, esta sabiduría os aproxima a Dios. Todas las condenas que vienen a los hombres vienen porque no fueron maestros de sus pasiones malas. ¿Por qué causa entonces comprendemos el anegamiento en las aguas del diluvio? ¿Es porque no conocen los lugares del curso de las estrellas o porque no dominan sus movimientos confusos? ¿Por qué causa toda la región de sodomitas fue devastada por un incendio? Porque no estaban versados en el estudio del misterio de la astrología o porque no dominaban la concupiscencia impura de su corazón. En cuanto a mí, no he encontrado más que esté escrito: Benditos los que son versados en el artificio de las réplicas de escuela, sino: Benditos los que son sin mancha (μομως) en el camino (Ps. 118, 1), pues el hecho de que los hombres estén agitados de vicios no viene de la ignorancia de las cosas, sino completamente de su despreocupación sobre las malas pasiones. Si cada uno se preocupase de comprender sus pasiones, toda la tierra habitada exultaría en una paz serena. Pues lo que beneficia al hombre es que ante todo esté preocupado de sus pasiones; y además, cuando su alma esté purificada, le conviene buscar el estudio de todas las artes. Al igual que al hombre cuyo cuerpo es presa de la enfermedad y los miembros plenos de úlceras, no conviene ponerse a aprender oficios si no se ocupa antes de la curación de sus úlceras. Entonces, tras haberse sanado, le será el aprendizaje de toda suerte de obras. Igualmente, no disfruta el hombre de emprender el estudio de las herejías si no hay antes la preocupación de aprender a conocer sus pasiones; y cuando se hace fuerte por la santidad de su alma, entonces le sentará bien el aprendizaje de todo. (En este momento) alguno de los hermanos orientales cuyo nombre era Maras de Amid, como había entrado precisamente entonces y no había oído lo que había sido dicho los días previos, oyendo eso, dice: Lo que hace falta aprender es lo que no se sabe; en cuanto a las pasiones, ¿quién es el que no las conoce? Todo el mundo sabe lo que le es bueno y lo que le es malo.

El Solitario dice: Si tú te has realizado, hermano, en esta ciencia de las pasiones de tu alma, explícame lo que voy a pedirte: expónme el secreto de tu interior; no digo la naturaleza de tu alma, pues no serás juzgado, si no sabes mostrar lo que está en ti, y cuándo, y cómo, y por qué, y qué es; pero te pido algo que también Dios te ha ordenado saber, y es lo siguiente: Dios, habiendo puesto en tu naturaleza una ley (νόμος) que ama el bien y el mal, ¿cuáles son las causas que hacen que no estés conforme al bien de tu naturaleza? ¿Y por qué entonces la naturaleza de tu alma no es material, tu inteligencia (t) ama las cosas corporales? ¿Y qué pasión comienza en primer lugar? ¿Y cuál en la segunda, tras el deseo? ¿Y cuál es la que el niño en ti teme del mundo? ¿Y cuáles son las que vienen tras ella? ¿Y cuál es la causa que las multiplica? ¿Y por qué causas son quitadas del alma? ¿Y por qué la maldad, los celos y la tristeza duran más que las otras pasiones en los hombres? Puesto que hay quienes son liberados del amor al dinero y que no son purificados de la envidia. ¿Y cuáles son los pensamientos aptos, por su fuerza, para vencer en cada una de esas pasiones? ¿Y cuáles son los movimientos capaces de eliminar la envidia? ¿Y cuáles los que se oponen a la maldad? ¿Y cuáles son los opuestos al temor? Pues tal y como para cada una de las enfermedades del cuerpo son indicados remedios por el arte de la medicina, que todos no curan por una mezcla de raíz de una misma categoría; al igual que a cada una de las pasiones del alma son indicadas por la sabiduría del entendimiento de los pensamientos que triunfan. Pero yo te pido todavía: ¿Cuánto tiempo persiste cada una de las pasiones en el alma cuando nos ocupamos por abolirlas? ¿Y cuándo alguien comienza a librar combate (ἀγών) porque su derrota no es obtenida fácilmente por su victoria? ¿Y cuál es la causa por la que te sucede ser divisado contra ti mismo y que no te acuerdes con tus pensamientos? Al odiarles, ellos permanecen en ti; tú les codicias, y ellos no ceden; tú luchas por su destrucción, y ellos no son cazados, y sin que lo desees, ellos permanecen en ti. ¿Es (ἆρα) entonces que tu conducta no depende de tu voluntad? Si tú eres el maestro para tu voluntad, dime, ¿por qué permanece en ti algo que no quieres? Y explícame, ¿por qué el pensamiento que está sobre ti es victorioso sobre ti? Y muchas otras cuestiones parecidas a estas. No te engañes, querido amigo, por la ilusión que tienes sobre ti mismo, pues, sin duda, cuando estás enfermo, no querrías imaginarte que te portas bien, como, en tu simplicidad, crees que eres un sabio. Como los hombres ignoran que estas cosas están escondidas en la profundidad del alma, ¿las estimarán vulgares? Mas, ¿qué hay de más excelente y más noble en verdad que esto: que el hombre comprenda sus pasiones malas y las someta a la dominación de su voluntad? He aquí por qué la disposición (t) preocupada de la pureza de consciencia (r) recibe perpetuamente alabanzas de Dios, en sus mecanismos y en las exhortaciones de la Escritura. Es ahí solamente la sabiduría verdadera que Dios ha puesto en la naturaleza de los hombres en esta vida. En ella no hay ni presunciones ni fraudes, sino que todas las Escrituras y toda la naturaleza de los hombres, por la ley natural depositada en ellos, atestiguan que es la verdad y que es ella la que beneficia a los hombres por las acciones buenas, como ha dicho el maestro verídico Pablo (¿2 Cor. 9, 8?).

A todas las otras sabidurías se entremezclan fraudes y presunciones. Y hay de qué extrañarse por el error de los hombres, viendo que, mientras que la ciencia sobre las pasiones del alma es tan noble, cada uno opina que sobre la constitución del alma no hay necesidad de instruirse. Pero si, sobre la ciencia del cuerpo, los discípulos de Hipócrates han dicho, (ellos que eran admirables en el arte de la curación), que la duración es corta y el arte larga, es decir, que toda la duración del hombre, lo larga que sea la vida, es demasiado pequeña para abarcar por su inteligencia (t) el estudio de ramas de la medicina en toda su riqueza; y si por la sabiduría concerniente a este cuerpo del que somos revestidos, la vida del hombre es demasiado pequeña para llegar a conocer su composición, con la diferencia de estas enfermedades y la causa de su curación; cuando se trata de movimientos de nuestra naturaleza escondida, osaremos creer que conocemos el orden de la sucesión de las pasiones y pensaremos que es una ciencia vulgar, comprender como nos liberamos de las pasiones malas? Verdaderamente, a menos que no sea dada de manifiesto al hombre una ayuda divina, no puede llegar a la integridad del alma. ¿Y sobre algo que debe sernos dado por una operación divina en nuestro nacimiento nuevo, para que estemos arriba en una inteligencia (r) pura, sobre esto tendríamos una idea (t) vulgar, si el hombre llega a esta medida mientras que está en el cuerpo? En cuanto a mí, de parte de un hombre de Dios que estaba también admirablemente ejercido en la sabiduría de la filosofía (φιλοσοφία), he entendido decir: No comparo una sola de las sabidurías con la que consiste en que el hombre sepa cómo podrá librarse de las pasiones malas. Y dice, además: Más excelente es para mí el que expulsa de sí una pasión mala que el que hace salir a un ejército de demonios de un poseído[41]. De hecho, en el que hay demonios, Dios no lo juzgará a causa de ellos, sino en el que permanecen las malas pasiones; será sometido al juicio de Dios por no librarse de ellas. El demonio, cuando sea, le hará falta salir, ya que su molestia está en el cuerpo y no en la

---

41   Cfr. Apoft. PP. Pityrin

naturaleza del alma; pero la mala pasión persiste en el alma tras la muerte del hombre. Yo he visto un hombre que había hecho numerosos milagros; por la inteligencia (t) se comportaba, por lo tanto, muy estúpidamente porque estaba hundido en la cólera y las maldiciones y, mientras que les expulsaba los demonios a otros, por la oración de la instrucción de los paganos, en el país de los indios, de sus propias pasiones no tenía cura. Este hombre admirable por la sabiduría de que he hablado más arriba: Tras el tiempo en que he tenido la idea (t) de aprender, ese ha sido mi alivio: saber lo que me es bueno y lo que me es malo, y estoy todavía desprovisto de esta sabiduría.

Ved que este hombre dice de él mismo: y los hombres tontos, solo por el hábito de la pauta (σχῆμα) y la lectura de las Escrituras, ¡se imaginan que han alcanzado la ciencia! Pero para no frustrar el deseo de aquí nuestro hermano, le ofreceré una receta de doctrina contra sus pasiones. Estas pasiones, hermano mío, si el hombre no hace su voluntad, se debilitan radicalmente, pues como los leones son poderosos por naturaleza, pero que, por abstención a su parecer, la bilis de su maldad se debilita, aunque esté en ellos, así por la falta de atención a la voluntad de las pasiones, se debilita la fuerza de su maldad. Y como por la excitación y la alimentación continua los leones se fortalecen en el poder de su impetuosidad, así, haciendo la voluntad de sus pensamientos, los excitamos a redoblar la fuerza contra sí. Al contrario que el que ha adoptado la labor de expulsarlos de sí, que los sobrepase y les cace del interior de su psicología (r), ellos no permanecen despóticamente en su psicología (r); más cuando incluso pasen como pasajeras en la ruta de su corazón, en tanto que las intensifique, se desvanecen fácilmente. Al igual que los esclavos cazados de la casa de su maestro, no tendrán más audacia (παρρησία) de entrar según su hábito precedente; así será eliminada del alma la audacia de estas pasiones si se las mantiene fuera de ella y, en adelante, el entendimiento del hombre será apacible en una quietud continua. Pero, ¿qué diremos de los otros que, cuando los pensamientos se multiplican en ellos, en lugar de darse a la lectura, para que por una buena palabra su entendimiento (r) se apacigüe de la problemática de los pensamientos, se figuran que calmarán su corazón del hostigamiento de estos pensamientos por conversaciones prolongadas y por la actividad material? No hagas tal idea, oh, hombre: que por la ocupación de las cosas encontrarás el consuelo de tu inteligencia (r), que por tu meditación sobre ellas vencerás tus pensamientos; pues los pensamientos terrestres no son suficientes para neutralizar los pensamientos del cuerpo. Incluso si de ese pensamiento por el que tu inteligencia (r) está agitada, tú te alivias absorbiéndote en los asuntos, no te imaginas, por lo tanto, que por esta ocupación sea vencida. En tanto que ella se despierta en ti a todas horas, que sepas que no la eliminas por la victoria ganada sobre ella.

No vayamos, entonces, cuando se socaban los movimientos problemáticos en nuestra inteligencia (t) a buscar consuelo saludable en algo visible, puesto que no hay consuelo en la aplicación a las cosas visibles, para que podamos esperar encontrar el medio de eliminar de nuestra alma los movimientos de tristeza; pero preguntémosle al Cristo, cuyo recuerdo es poderoso y capaz de vencer todos los movimientos que son puestos en marcha por la voluntad perturbada del cuerpo. Cuando el bendito Pablo quiso advertir que por la petición hecha al Cristo podemos recibir fuerza para ayudarnos contra nuestras angustias, él dice: "Aproximémonos, pues, con seguridad al trono de su bondad y recibamos misericordia para encontrar gracia para ser socorridos en tiempos de necesidad". (Heb. 4, 16). Como Dios, que solo él es santo, en la santidad de la que se regocijan los mundos de la gloria, nos concederá recibir santamente en nuestra alma la admiración de su majestad.

A Él la gloria en los siglos. Amén.

CUARTO DIÁLOGO

La siguiente vez, tras haber rezado, le dijimos: Has acumulado tesoros excelentes en nuestra alma por la conversación que hemos tenido con tu virtud. Así, cuando oímos hablar de humildad o de misericordia, cuando queremos saber si hay un solo tipo de humildad o si hay una variedad en la misericordia como hay variedad en la tristeza; pues hay la tristeza del mundo y hay la tristeza por Dios, además de otras cuestiones que te queremos plantear.

El Solitario dice: Sobre las cosas que ocupan vuestro espíritu (r), interrogad a vuestro parecer; y nosotros, mientras que pueda nuestra pequeñez, satisfaremos vuestra inteligencia (t).

¿Cuáles son los términos sobre los que queréis interrogar? Enunciadlos en serie.

Eusebio dice: Nosotros interrogaremos sobre el temor y sobre la tristeza; sobre el sufrimiento y sobre la aflicción, sobre la pobreza, sobre la misericordia, sobre la paz y sobre la tranquilidad, sobre la pureza, sobre el ayuno y sobre el servicio, sobre los sacrificios, sobre la oblación, sobre el altar, sobre la incubación, sobre la Iglesia, sobre el sacerdocio, sobre el amor, sobre la caridad, sobre la consolación, sobre la alegría, sobre la adoración a Dios, sobre la unión con Él, sobre la magnanimidad, sobre la paciencia, sobre la castidad, sobre la virginidad, sobre el esplendor, sobre la santidad, sobre la plegaria, sobre el silencio, sobre la enfermedad, sobre la santidad, sobre el reino, sobre la dominación, sobre la humildad, sobre el orgullo, sobre el reír, sobre la burla, sobre la cobardía, sobre el aburrimiento, sobre la lucha, sobre el atletismo (αθλητ-), sobre la victoria, sobre la derrota, sobre la armadura, sobre la guerra, sobre el negocio sobre el tesoro, sobre la riqueza, sobre el defecto, sobre la indigencia, sobre el heroísmo, sobre la inmoralidad (ασωτ-), sobre la gula, sobre el dormir, sobre la libertad: he ahí las cosas sobre las que te pedimos que nos hables para que nos digas cuál es el alcance de su significado en el alma y en el cuerpo, separadamente. Pues no es igual el ayuno del cuerpo y el ayuno del alma, ni las adquisiciones del cuerpo lo son también del alma, ni la alegría del cuerpo es la alegría del espíritu, ni la vigilia del cuerpo es la vigilia del alma, ni la servidumbre en el mundo es similar a la servidumbre del pecado. Pero como el uso de estas palabras es igual en el vocabulario de la lengua, nos es precisa su acepción para que no la entendamos confusamente sobre el tema que digan.

El Solitario dice: Guarda en ti el recuerdo de estos términos e interroga sobre cada uno de ellos.

Eusebio dice: Yo interrogo sobre la pasión del temor: ¿de qué causa viene esta pasión: del cuerpo o del alma? Si es del cuerpo solamente, ¿cómo se encuentra el temor de Dios en el hombre cuando no está en los animales? Y si es del alma, ¿cómo el hombre tiene miedo de sus adversarios? El alma es, por tanto, más fuerte que los adversarios. Como por esta palabra de temor se expresa el temor de Dios y el temor del mundo, distínguenos los matices de la palabra temor.

El Solitario dice: El temor del mundo es a causa del cuerpo, a saber, el temor de las noches, la aprehensión y el horror de los objetos, el miedo de los adversarios; de estos temores, la causa es el cuerpo, puesto que es él que se somete.

El alma, en tanto que está en el cuerpo, participa de su temor, aunque el temor no esté en su naturaleza, puesto que ella es superior a todas las ofensas y el temor no existe, a menos que nuestra naturaleza no esté sujeta a todas las ofensas, pues al igual que el que está sometido a alguien más vigoroso que él, le tiene miedo; más a un hombre que no sea más vigoroso que él, no le tiene miedo. Así el cuerpo, como está sujeto a todo lo que es de este mundo, es el que está sujeto al temor del mundo. El alma, al contrario, como su naturaleza no está sometida a ninguna molestia, es superior al temor del mundo. Si el temor fuese del alma, he aquí que veríamos los animales y los reptiles y el resto de todo lo que está sin alma, conmoverse y temer que se les hiera. Pero la naturaleza del alma es independiente de los tiempos y del cambio de los tiempos, de la falta de alimento, de la abundancia de las cosechas, del daño del granizo, de la disminución de la lluvia, de la aridez del aire (αηρ), de la privación de rocío, de la persistencia de la nieve, de la frialdad del hielo, de la quema-

dura del calor, de la aflicción de las enfermedades, de la tortura del hambre, del mutismo de la
palabra, de la ceguera de los ojos, de la claudica-
ción de las piernas, de la parálisis de las manos,
del vértigo de la cabeza, de la oclusión de las
narices, de la obstrucción de la respiración, de
los estigmas del cuerpo, de las manchas de la
lepra, de la corrupción de la elefantiasis, de las
enfermedades de los miembros internos, de la
hinchazón del bazo, de la compresión del híga-
do, de la efusión de la bilis, de la enfermedad de
los intestinos, de la opresión del aliento, de la
constricción de los riñones, de la dilatación del
estómago, del relajamiento de los nervios, de la
pesadez de los huesos, del deterioro de las arte-
rias, de la plétora de la sangre, de la enfermedad
de las vísceras, de la pesadez de la cabeza, de
la retención de líquidos y de orina, de numerosos males interiores con otros exteriores, de
la debilidad de la vejez, del debilitamiento de
fuerzas, de la incurvación de la talla, el deterioro de los miembros, de enfermedades varias, de
la tortura del fundamento, de la emoción de la
fiebre, de la causticidad de las úlceras, de la gan-
grena y del tabes del cuerpo, del olor pútrido,
de la maledicencia, de las guerras tumultuosas,
de los cambios de tales o tales lugares, de las
sediciones de tal o tal villa, de la oscuridad de
las tinieblas, del ruido del trueno, de la vista de
los relámpagos, del estrago de las bestias, de la
dominación de los demonios, del maleficio de
los espíritus malvados, del terror de los sueños,
del poder de los poderosos de este mundo: de
todas estas cosas es independiente la naturale-

za del alma, y la naturaleza del cuerpo le está sometida. Sin ellas, no hay temor del mundo. ¿Y por qué he enumerado todo esto, sino para mostrar la vanidad del amor del cuerpo cuando los hombres aman a quien domina estas cosas y a todos estos maestros sobre él? Y cuando viene el tiempo de estar separados del cuerpo para ser liberados de todas estas afecciones por su separación de él, he aquí que les cuesta a los angustiados, a los gimientes. Y el alma que está liberada de todas estas adversidades, no hay nadie que se dirija a ella con amor y alegría, sino sufriente de la servidumbre del cuerpo a todas estas cosas. Le hará falta apegarse al hombre interior, que es superior a todo.

Esto no es solamente de todo esto que la naturaleza del alma es liberada, sino que ella no tiene incluso necesidad de la ayuda de las criaturas. Ella no es socorrida por el brillo de la luz, ni por el reposo del sueño, ni por la adquisición de la riqueza, ni por el poder del rango, ni por el alivio del comer, ni por el olor perfumado, ni por el encantamiento del placer. Una naturaleza que no es sumisa a la dominación del mundo, ¿cómo la someteremos al temor del mundo? El temor del alma, cuando no mira del lado del cuerpo, tanto que es situada en un cuerpo y se gira hacia sí misma, es este: el temor del error, el miedo de la ignorancia. Solamente cuando ella se gira hacia el cuerpo, y que ella y el cuerpo son cómplices en una sola intención (t), el temor que concibe el hombre con respecto al mundo es este: la aprehensión y el temor de los daños que he enumerado.

El temor de Dios, cuando el alma y el cuerpo se armonizan en una sola intención (t), es este: el temor del juicio, el miedo de la condenación, el temblar ante los tormentos del infierno y el temor por la cólera de Dios. Cuando el alma está en una ciencia más poderosa que el cuerpo, he aquí que se hace extranjera a los misterios de Dios. Es ahí la distinción de la pasión designada de esta representación del temor.

Eusebio dice: Has hablado rica y espléndidamente. Yo no pienso que nadie haya hablado de estas pasiones más provechosamente y más inteligentemente que tú acabas de hablar.

El Solitario dice: Retoma estos términos que has recitado y dámelos. Yo hablaré paso a paso según mi capacidad.

Eusebio dice: Sobre la distinción del temor, nosotros te hemos entendido, pero ahora toma estos términos y háblanos de ellos.

Sobre la tristeza. El Solitario dice: La tristeza corporal lleva sobre las cosas que se ven; la tristeza por indignación contra los pecados es un sentimiento (t) virtuoso que participa en la ciencia del alma; la tristeza con la que no se mezcla ningún pensamiento (t) de la carne, sino que evoluciona en los movimientos de la ciencia, es cuando se es sensible a la grandeza por venir, que se considera qué criatura somos, que contemplamos la naturaleza gloriosa del alma y que se entristece de ver en qué cuerpo inválido estamos recluidos.

Sobre la pasión de la aflicción. La pasión de la aflicción, cuando lleva a objetos mundanos, es corporal; cuando lleva a faltas y tonterías, es un sentimiento (t) que se dirige hacia su esperanza; cuando lleva a la humillación del hombre oculto, es una virtud de ciencia.

Sobre la pobreza. La pobreza del cuerpo: el despojo de las posesiones, el desapego psíquico, el despojo de las pasiones, el desapego espiritual: la eliminación de las opiniones. Aquí abajo nos desapegamos de posesiones y podemos desapegarnos también de las pasiones; pero el desapego de opiniones es de la vida consecutiva a la resurrección.

Sobre la misericordia. La misericordia corporal: que se den limosnas, que se ayude a los débiles, que se alimente a los hambrientos, que se vista a los desnudos, que se consuele a los afligidos, etc.

La misericordia psíquica: que se tenga compasión de sus ofensores, que se perdone a sus enemigos, que se tenga piedad de sus burladores, que se haga bien a sus perseguidores. La misericordia espiritual: que se tenga compasión de los desviados, que se enseñe a los que les falte inteligencia (r), que se lleve a los insensatos a la convicción verdadera, a los alejados a la proximidad de Dios, a los extranjeros a la familiaridad de sus misterios, a los perdidos a reencontrarse, y que a los desesperados prediquemos la esperanza. Es ahí la misericordia espiritual que se completa en acto en el hombre interior, y es ahí la imagen de la misericordia de Dios con relación al género (γένος) humano.

Sobre la paz. La paz corporal: que el hombre use palabras de conciliación hacia quien quiere; la paz psíquica que se realiza en el alma:

que nos reconciliemos de corazón en la simplicidad de una paz sin astucia de palabra y sin artificio de resentimiento.

Sobre la tranquilidad. La tranquilidad corporal es la supresión de guerras, la calma de los países, la sumisión sin rebelión, la ausencia de lucha por la prioridad, de rapiña de las propiedades, de disputas litigiosas, de proceso (κατηγορ-) judiciario, la cesación de la calumnia, punto de controversia sobre la fe, la concordia proveniente de la cesación de luchas. La tranquilidad psíquica es un corazón que no esté perturbado por los pensamientos, un entendimiento (r) no divisado en sus ideas, una voluntad que no disputa consigo misma, una mentalidad apacible que no agita el corazón, la serenidad del alma sin tumulto de movimientos. La tranquilidad espiritual es un intelecto no divisado sobre la verdad, un alma que no duda entre opiniones, la concordia de los mundos, su armonía en la justicia, sus movimientos en la verdad. Esta tranquilidad pertenece a la vida que sigue a la resurrección.

Sobre el ayuno. El ayuno corporal es el hambre proveniente de la falta de alimentos, la restricción de comida, el adelgazamiento de la gordura. El ayuno psíquico es que tengamos hambre y sed de justicia, que ayunemos de los comportamientos malos. El ayuno espiritual es que se ayune del recuerdo de acciones malas y de la reflexión sobre ellas y del recuerdo de cosas odiosas. Pero este grado, que las cosas odiosas no suben a nuestra memoria, pertenece a la vida que sigue a la resurrección.

Sobre el servicio. El servicio del cuerpo: la satisfacción de sus deseos, la búsqueda de las posesiones, el amor a las riquezas. El servicio del alma es la búsqueda de la vida, el amor del estudio, el descubrimiento de la sabiduría, la aversión del cuerpo, la solicitud por el alma. El servicio corporal respecto a Dios. Estos son los votos y las oblaciones según la costumbre de la Ley (νόμος) de Israel, que estaba apegada al servicio corporal. El servicio psíquico respecto a Dios es la salmodia con sentimiento y los pensamientos puros en un entendimiento (ŕ) claro. El servicio espiritual respecto a Dios es la admiración de Dios, la alabanza sobre la majestad de su sabiduría viniendo de la profundidad de su inteligencia: este servicio es demasiado sublime para esta vida y nos es reservado en la vida que sigue a la resurrección.

Sobre los sacrificios y las oblaciones. La oblación corporal: que ofrezcamos a Dios objetos exteriores a sí mismo. La oblación del alma: que se ofrezca a Dios su propia persona por el sacrificio de su cuerpo. La oblación espiritual es el misterio de la comunicación con Dios, y que el hombre ofrezca en todo tiempo en su plegaria pensamientos puros, comportando en sus movimientos la admiración de Dios.

Sobre el altar. El altar corporal es esta especie de tabla de pueblo (judío) sobre la que eran colocados los cuerpos de animales muertos. El altar secreto del alma es un entendimiento (ŕ) retirado por encima de sí, la conciliación de Dios por obras virtuosas en el recuerdo de la inmolación de Cristo. El altar espiritual: un intelecto superior al recuerdo del mundo y brillante de la ciencia maravillosa de Dios.

Sobre la incubación[42]. La incubación corporal es algo que la mano coge para incubar (proteger) a la manera como Abraham cazaba el pájaro como presa para impedirle posarse sobre los miembros divididos (Gen. 15, 11). La incubación del alma: un entendimiento (t) vinculado a la meditación virtuosa para capturar para ella los pensamientos espantosos fuera del entendimiento (r). La incubación espiritual: un intelecto que planea en los movimientos sublimes hacia Dios.

Sobre la Iglesia. La Iglesia visible de nuestro mundo: la locura de la gente, la asamblea del pueblo, su agrupación de unos con otros. La Iglesia verdadera es la concordia de los pensamientos (t), la conformidad de la inteligencia (r) en una sola fe. La Iglesia espiritual, superior a nuestro mundo, que el Apóstol ha nombrado "Iglesia en el Cielo" (Hebr. 12, 23) a propósito de las asambleas superiores; no las que permanecen en los lugares ni las que confluyen en reunión las unas con las otras, sino su Iglesia verdadera, es la ciencia de la verdad, gracias a la que gozan de los misterios divinos.

Sobre el servicio sacerdotal. El servicio sacerdotal corporal es cuando en un lugar un hom-

---

42   La palabra siriaca es la que se leen en Gen. 1, 2: "Spiritus Dei ferebatur super aquas". Este mismo término es empleado en el rito siro-antíoco para designar el gesto del celebrante cubriendo con sus manos la hostia y el cáliz en el momento de la epíclesis (Rf. J. M. Hanssens, Instit. Liturgicae III p. 459). Este gesto simboliza la "incubación del espíritu santo", del que habla extensamente NARSÈS (Narsai Homiliae et Crmina, ed. A. MINGANA, Mossoul 1905 I. p. 288-290; traducción inglesa por R. H. CONNOLLY, The liturgical homilies of Narsai, Texts and Studies VIII, I, p. 20-22)

bre ejerce funciones sacerdotales según la ley (νόμος) de los padres de Israel. El sacerdote que se perfecciona en el alma: cuando el entendimiento (r) le ofrece a Dios pensamientos puros en una súplica pura.

Sobre el amor y la caridad. El amor mutuo de los corporales: es la posesión del cuerpo con todo lo que es del cuerpo. El amor mutuo de los psíquicos es el aprendizaje de la doctrina, el ejercicio de la sabiduría. El amor de los espirituales los unos por los otros es el amor divino, la grandeza de su gloria, la ciencia sobre su esperanza. El hombre que ama a Dios a causa de las cosas visibles, su amor es corporal; el que Lo ama a causa de sus promesas, su amor es psíquico. Que el hombre ame únicamente a Dios sin causa exterior a Él es el amor espiritual; y este amor nos es reservado en el género de vida que sigue a la resurrección.

Sobre la consolación y la alegría. Consolación y alegría del cuerpo: riqueza, santidad, robustez, belleza, etc. Consolación del alma: comercio de buenas palabras, lectura de libros, descubrimiento de la sabiduría. Consolación espiritual: expectativa de la resurrección, esperanza fundada sobre Dios, ciencia del mundo futuro. Esta alegría no se encuentra exactamente en esta vida, sino que nos es reservada en la vida que sigue a la resurrección.

Sobre la adoración. La adoración corporal es la genuflexión, la inclinación de la espalda, la prostración sobre tierra; esta adoración es la misma con respecto a Dios y con respecto a los hombres. Pero como no conviene que adoremos a Dios del mismo modo (σχῆμα) que los hombres, nos es solicitado en la enseñanza del Evangelio (Εὐαγγέλιον) una adoración más excelente que la del cuerpo: "Los que adoran a Dios, hace falta que Lo adoren en espíritu y en verdad" (Jo. 4, 24). La adoración en espíritu, en la conducta de aquí abajo, es un intelecto (r) apasionado en la suplicación de inteligencia (t), un corazón que llora gimiendo.

Por otra parte, sobre el resto de significaciones de los nombres, para no repetir sobre todo cada uno de estos nombres estas tres distinciones, esto sufrirá lo que hemos dicho separadamente sobre el cuerpo, el alma y la espiritualidad. Para lo que resta, escuchad el sentido en la conducta excelente del alma. El curso provechoso, queridos, es la búsqueda de la sabiduría. La reclusión provechosa es un entendimiento (r) que no se distrae en cosas malas. Los vínculos nocivos son el sentido que no corre en sabiduría. El desapego dilatante es un entendimiento (t) no vinculado a los deseos. La distensión de la altura de la ciencia es el descenso del alma. La recuperación del alma es cuando, por el poder de su libertad, se mantiene de pie. La inteligencia del entendimiento (t) es la meditación virtuosa. La somnolencia del alma es la supresión de la buena atención. La proximidad a Dios es la obediencia a sus mandamientos. La comunión con Dios es la adhesión a su amor. La magnanimidad en las pruebas es el alivio de las enfermedades. La paciencia del estudio es el tesoro de la ganancia. La castidad del entendimiento (r) es la modestia de la inteligencia (t).

La virginidad verdadera es un alma que no se casa por el amor al cuerpo. El esplendor del corazón es la no inclinación hacia el mundo. La humildad corporal es una mirada reservada a una respuesta apacible. La humildad del alma es cuando se coloca ella misma por pequeñez por debajo de todo el mundo. La solicitud sobre las cosas invisibles es la plegaria espiritual. El silencio corporal es la cesación de la palabra. El silencio psíquico es una inteligencia (r) que no disputa en sus pensamientos. El silencio espiritual es que el alma no piense opiniones (pretensiones). La dominación verdadera es la sujeción de los movimientos malos. El orgullo del cuerpo es la vanidad sobre las posesiones; el orgullo del alma es la vanidad sobre la ciencia. El reír del alma es la mofa. La lucha honorable es la guerra contra las pasiones. El atletismo verdadero es la victoria sobre los pensamientos malos.

La victoria del alma es la realeza verdadera. La armadura de la inteligencia (r) es el revestimiento de la sabiduría. El comercio provechoso es la enseñanza de cosas virtuosas. La riqueza permanente, el tesoro escondido del alma. El heroísmo digno de alabanza, que el hombre venza su voluntad mala. Pues de llevar el peso de los objetos, los demonios también son capaces; derrocar los muros y matar a la gente su fuerza puede; pero vencer la enemistad de su envidia, no quieren. El vigor del alma, queridos, es que, entendiendo opiniones de herejías (αιρεσις), no se escandaliza y no odia a los que las dicen. Si odiase, sería debilidad del alma; y, como el cuerpo está herido por un golpe, el alma está debilitada por el escándalo. El derroche (ασωτ) y la glotonería mezclados con una mentalidad (t) carnal, es que el hombre no se sacia de los males de otros. La glotonería natural del alma es que no se sacia del ejercicio de la sabiduría. La sed de misterios espirituales es la delicia de la vida nueva, pues al igual que las delicias corporales, es que el hombre no se satura de los manjares excelentes de este mundo; así, que el hombre no se sacie de la sabiduría de este mundo es el disfrute espiritual que deleita y regocija al hombre interior.

La libertad corporal: la ausencia de disputa y de maldad, con una palabra verídica, y que el hombre crea lo que le ha sido transmitido; la libertad psíquica: el desapego del cuerpo, la no esclavitud a la voluntad (t) de la carne, aunque, amigos míos, no sea la libertad de la vida que sigue a la resurrección, si está todavía esclavizada a las pasiones inconstantes por su curiosidad; pues un alma que no está desapegada de todo se hace a semejanza de Dios por su estado interior (r), no es todavía digna de la libertad del Cristo, que no está ni en el amor a las cosas visibles ni en la distracción de las preocupaciones de la curiosidad. Pues sí, el alma se desapega de las pasiones del cuerpo, pero que, en revancha, está librada a las pasiones y a las preocupaciones de la distracción; de otro modo, coloca sobre ella un yugo de servidumbre y, estando despegada de la voluntad de la carne, está, sin embargo, esclavizada a la criatura por su curiosidad y, como consecuencia de esta curiosidad, está también en el temor de llegar al error. A menos, en efecto, que no cese la búsqueda de la distracción, el temor no cesará. En la libertad espiritual, no hay servidumbre al recuerdo del mundo, no hay reminiscencia de la criatura, ni divagación por los elementos (στοιχεῖον), ni investigación de su composición, ni amor por su ciencia, ni afecto por la sabiduría terrestre, ni opiniones sobre esta sabiduría; y esta libertad no está esclavizada al error, sino que es la verdadera libertad del Cristo, que es la realeza de los siglos (mundos). Nosotros también, queridos míos, buscamos y luchamos, para que Dios se digne a darnos en su misericordia y en su bondad por el comercio con los mundos de la gloria. Por eso, amigos míos, vayamos al orden glorioso de la conducta del hombre interior. Huyamos del apego a las cosas odiosas que son odiosas a Dios.

No disipemos nuestro entendimiento (r) en las regiones de los pensamientos, donde no hay tregua a las luchas de la guerra. Hagamos perdurar nuestra alma en la región pura que no tiene adversario a su paz. No dejemos a nuestro entendimiento (t) en reflexiones (t) que se piensan fuera de la voluntad de Dios. Unamos a nuestra ciencia el fin de la ciencia del Maestro universal. Que no haya en nosotros negligencia impidiendo a nuestra vida entrar en el mundo de las virtudes. Seamos cuidadosos con el abatimiento interior que no tiene visión sobre la verdad. No dejemos la basura del pecado en nuestra alma por temor a que no se degrade, perdiendo belleza espiritual. Purifiquemos la solicitud de nuestro corazón del pulular de preocupaciones del mundo. No reduzcamos los movimientos de nuestra alma por la servidumbre al placer del cuerpo. Conciliémonos con Dios por la conformidad a su voluntad sobre nosotros. No nos hagamos extranjeros al amor de sus leyes por el amor a las obras del pecado. Adquiramos la audacia (παρρησία) de la confianza ante él por las pruebas soportadas por su nombre. No nos expongamos a los reproches de su justicia por el desprecio que hace transgredir su ley. Elevemos nuestra vida sobre la condenación por las observaciones de los mandamientos del Maestro justo. No perdamos la filiación en nosotros alienando a Dios. Esforcémonos en volvernos herederos de las promesas del Padre por el desprecio de lo que pasa. Que la atención de nuestro corazón no se fije sobre los pensamientos de las cosas visibles. Amemos en todo momento la meditación de las cosas que no caen a la vista de nuestros ojos. No nos apeguemos a algo de lo que tengamos que separarnos. Busquemos los vínculos que apegan nuestros sentidos al amor de Dios, para que cuando seamos liberados de un cuerpo lleno de pasiones, nos encontremos en el lugar de los gozos, en Dios.

A Él la gloria en los siglos.
Amén.

Editado en la Montaña de los Ángeles

Equinoccio de Primavera 2026

∴

Los beneficios editoriales de esta obra van destinados
a la Fundación Dharana y sus proyectos

WWW.DHARANA.ORG